天下女人 风拂过心田

Her Village 天下女人

风拂过心田

杨澜 编

译林出版社

图书在版编目（CIP）数据

天下女人 风拂过心田 / 杨澜编. — 南京：译林出版社，2012.6

ISBN 978-7-5447-2877-5

Ⅰ.①天… Ⅱ.①杨… Ⅲ.①女性－名人－访问记－中国－现代 Ⅳ. ①K828.5

中国版本图书馆CIP数据核字（2012）第118650号

书　　名	**天下女人　风拂过心田**
编　　者	杨　澜
责任编辑	王振华
特约编辑	张桂珍　李　娜　安　心
出版发行	凤凰出版传媒集团 凤凰出版传媒股份有限公司 译林出版社
集团地址	南京市湖南路1号A楼，邮编：210009
集团网址	http://www.ppm.cn
出版社地址	南京市湖南路1号A楼，邮编：210009
电子信箱	yilin@yilin.com
出版社网址	http://www.yilin.com
印　　刷	三河市华润印刷有限公司
开　　本	710×1000毫米　1/16
印　　张	13.75
字　　数	180千字
版　　次	2012年6月第1版　2012年6月第1次印刷
标准书号	ISBN 978-7-5447-2877-5
定　　价	29.80元

译林版图书若有印装错误可向承印厂调换

一旦聊到自己的妻子，甄子丹不甚利落的普通话就会变得非常利落，甚至跟我们说起绕口令。那种狡黠，那种顽皮，那种得意，简直让人认不出这就是铁血硬汉甄子丹。

甄子丹

以绝技为生的人，会很坚定。因为他知道获得将意味着什么，懂得等待、执著、不断努力的意义！所以他不会放弃，他全身心感觉着黑暗、阻力、打击、痛苦等，把它们一盘盘码好，当做最后成功的下酒菜。

李云迪

收获感动和真情时他微笑淡定从不张扬，面对路途艰险和高原反应他都不曾退却，却为什么在惊险退去、回忆往事时潸然落泪？

李亚鹏

文　章

1984 年出生，在这个青春期无限扩大的年龄，他还是一个男孩儿，不过他已为人夫，为人父，他已然是一个男人。

只要一天没有站在最高点，伴随五星红旗和国歌接受人们的敬仰，他们就不甘心！或许这就是这十八年申雪、赵宏博为什么一直不曾停止追梦脚步的原因之一。

申　雪　赵宏博

李　健

他的歌能和生活完全地融合在一起，没有任何距离，而且有一股韧性，就像陈年的普洱，越存越香。难怪王菲说，李健的歌，熟悉的就像她自己的一样。歌如其人。

曾在韩国有半个月学习的张一山在现场不仅秀了他的舞技，还与有着“拉拉队总教头”之称的守镇 PK 起了健美操。令人没想到的是张一山居然还曾是国家二级运动员，并在全国锦标赛上拿过健美操第二名的好成绩。

张一山

杨澜很好奇董洁的婚礼，原来他们俩的婚礼，竟然是董洁一个人操办的。在这个低调得不能再低调的婚礼中，董洁说他们只邀请了两家的亲人，加起来可能也就 80 个人。李艾坏坏地问：你邀请潘粤明了么？

董　洁　潘粤明

阿　牛

第一次被人表白时的甜蜜心情，第一次与女孩牵手时的“血往头上涌去”，少年时对李心洁的懵懂暗恋，第一次感受到的相思之苦……阿牛说到情动处，语言不够用了，于是抱起吉他唱起歌。

胡夏 三帅

四个大男孩远赴宝岛，历经七个月打拼一夜成名，成为当下最炙手可热的选秀明星。胡夏和三帅载誉归来，内地首度开唱，一首《家后》唱哭了多少人。

《红楼梦》剧组

看着他们的举手投足、一举一动，仿佛都带着一股子穿越时空的气息。

为了培养演员们的古典气质，李少红导演还安排大家一起学习古琴的技巧和练习毛笔字。

《红楼梦》剧组

目录

前言

女性的解放

我们对“解放”这个词有点隔膜了，但这并不意味着我们已得到完全的自由。其实，自由也是相对的，它在眼前停了一会儿，又跃身向前去了。所以，“解放”也只好一路紧追。

“解放”对于我的外婆来说，很简单，就是不再裹脚。她出生于浙江绍兴一个没落的书香门第，钱是不多的，但读书人有的规矩一样也不少。其中当然就包括给女孩子裹脚。下手的是她的母亲，一个温柔贤惠、不识字的小脚女人。孩子自然是要哭的，夜以继日地哭。那稚嫩的脚骨在无情的裹脚布里扭曲变形，如何能不哭呢？为了惩戒孩子“不懂事”在夜里悄悄剪开裹布的行为，做娘的只有狠了心把布缝到皮肉里去！娘也哭了，一边缝一边说：“谁叫你是姑娘呢！大脚的女人嫁不出去的！忍着吧，娘也是这样过来的。”这已是辛亥革命之后了。外婆的父亲见闻广些，听说大城市里男人剪辫子，女人也开始放脚了；或许更是因为实在不忍心听见心爱的女儿如此惨烈地号啕，他对妻子说：“算了吧，世道在变呢，等她长大了，兴许大脚也能找到婆家了。”

就这样，外婆裹到一半的脚被解放了，尽管当娘的还满心怀疑：“女人长那么大一双脚，多丑啊！”其实外婆的脚并不大，鞋码只有五号，后半生常在儿童鞋店买鞋。但就是这一双五号的脚足以让她登上去黄浦江的渡船，来到上海滩。在那里，她从缝制手帕开始，后来与丈夫一起开办了一家小小的夫妻店，生了八个孩子，活下来五个。她最有成就感的时刻是每年农历新年时，烫了头发，略施粉黛，给一家老小穿上自己亲手做的新棉袄，然后一起坐着黄包车到西式照相馆去拍一张全家福。那份富足和安乐让她容光焕发。

“解放”对于我的母亲来说，是有机会读书。她是长女，从小功课就好，学校里的老师没有不喜欢她的。等她上完初中的时候，家境不佳，外婆有意让她去念个职业学校，早些毕业养家。但她的班主任不放弃，一次次上门找家长谈心，说：“女孩子读书，读得这么好不容易，要让她上大学，女子也可以有出息的。”外公外婆踌躇了很久。终于有一天，他们翻出了压箱底的一点黄金拿去卖了。几年后，妈妈成了家里的第一个大学生，从上海保送到了北京。再后来，她嫁给了我父亲，一个同样从上海到北京读书的年轻人。结婚前，他送给她一件粉红色的的确良衬衫，这便成了她的结婚礼服。结婚照上她腼腆地笑着，憨厚、纯净。

我呢，带给我“解放”的是什么？

当然，首先想到的，是不再像母亲那辈人一样受穷了。当年让她欣喜的几斤不要粮票的豆腐，排了几个月的队才能买上的自行车、缝纫机、请木匠到家里来打制的土沙发、还有仿木纹的塑料地板革……今天的我虽然回味起来饶有兴趣，但在自己的家居生活中已经看不见了。

还有，就是不再有那么大的恐惧。因为外婆那只有一名雇工的店铺，母亲落下了“小资产阶级”的家庭出身。在那个时代，不能入党对母亲一定是一种打击；“文革”中，红卫兵半夜来砸门查户口，强令正在陪她坐月子的外婆“回原籍接受批判改造”，让她至今心有余悸。恐慌中，她烧掉所有的日记，并把外婆在她结婚时送她的一枚戒指扔到了厕所里。我记得自己上小学的时候，有一次问妈妈：“老师说每个人都会犯错误，那毛主席的错误是什么呀？”她惊恐地一把捂住我的嘴，赶紧去查看走廊里有没有人经过，然后回转身来用最严厉的口吻训斥我说：

“这样的话永远永远不许再说了！”

再有，我们可以选择自己的职业道路了。我们这一代人大学毕业时，国家第一次不包分配了。我们不用诚惶诚恐地等待指令，也不必在一个单位里终老此生。如果没有中央电视台不拘一格地选拔主持人，没有出国留学的机会，没有资讯和媒体的进一步开放，没有独立创业的条件，今天的我，生活一定没有这样充满刺激、挑战和创造的乐趣。这是时代带给我们的解放，但同时也带给我们新的问题。我们为什么会有焦虑、不安、困惑、迷茫？事业的成功一定会带给我们幸福和快乐吗？女性在显著地推迟了婚姻和生育年龄之后，如何看待自己在家庭中的责任？当我们把昂贵的化妆品涂抹在脸上时，我们花了多少时间关注身心的健康？为什么一方面中国女性就业率名列世界前茅，同时还有近一半的女人认为“干得好不如嫁得好”？我们该如何获得婚姻的安全感，我们是掌握男人的胃口、钱袋还是他们的心？我们该怎样养育我们的孩子，告诉他（她）男孩子“不许哭”、女孩子“真漂亮”？又该怎样向他们解释妈妈又要出差了？

《天下女人》希望成为这样一间会客厅，听大家来说说这些事，是女人的事，又不只是女人的事。有人说，成功的大小取决于一个人应付复杂环境的能力。我觉得这话用在所有女人身上都合适，因为我们天生需要应付比男人更复杂的环境，我们的平衡技巧在这个充满诱惑和压力的时代尤显可贵。如何做，那就是各显神通了。一起来聊一聊可以相互有所启发。

如果只用一句话来描述《天下女人》的节目内涵，那就是“女人，要对自己负责”，无论在身体上、情感上、经济上，还是精神上。我们的幸与不幸都不能盲目地归属于其他人，无论是父母、丈夫，还是孩子。我们自己首先应当是独立的有尊严的个体，这让我们有爱的能力。

记得大学毕业时，父母亲把我叫到跟前，对我说：“咱们家没有什么门路可以走。你已经完成了应受的教育，往后的路，自己去闯吧。

记住，女孩子要学点真本事。”我当时的心情紧张而无助。终于不可避免地长大了，我不知自己将要面对什么。今天回头一想，那正是父母给我的最好礼物，我的解放从那一刻开始。

杨　澜

甄子丹

爱是包容一切的力量——甄子丹

因为电影的拍摄，甄子丹错过了与姥姥的最后一面。但是姥姥背着他到处走的身影，却永远停留在他的记忆深处。有爱就有力量。因为心中有那么多对家人的爱，在甄子丹的世界里，他可以纵横无际。

编导手记

看过很多甄子丹的电影，如果非要我用几个词来形容他，那就是——硬，狠，凛冽。可是他说，私底下的他，是个热情幽默的好男人。那么怎么能让大家都看到这样的甄子丹呢？于是就有了这样一期节目。再硬汉的男人，说到自己生命中最重要的女人，就会很自然地柔软下来。于甄子丹而言，如此重要的“女人”，分别是他的太太，女儿，还有一手带大他的奶奶。

一聊到自己的妻子，甄子丹不甚利落的普通话就会变得非常利落，甚至跟我们说起绕口令。那种狡黠，那种顽皮，那种得意，简直让人认不出这就是铁血硬汉甄子丹。经过冷静思考后的冲动求婚，第一次见家长时面对的一个婆婆和五个阿姨，老婆送给自己的两份超大的surprise……一份精彩接一份精彩，观众们跟着甄子丹一起捧腹大笑的同时，顺便学习了如何征服老婆的必杀技。

甄子丹对美食热情的爆发，是整场节目预料之中的意外。知道甄子丹做波士顿龙虾做得好，不知道他聊起做菜来兴致那么高。从牛排到龙虾再到炒蛋，主持人拦都拦不住，只好现场宣布改成美食节目。欲知甄子丹的爆笑饮食妙法，千万不要错过本期节目。

甄子丹为女儿取名Jasmine（茉莉花），为儿子取名James（出自James Bond），足见他对一双儿女的期待与宠爱。对于女儿出生时的一系列奇遇，甄子丹连说带比画、带声音模仿，绝对可以独立成章。

甄子丹对祖母的想念，是整期节目最温情的段落。当我们在银幕上看到甄子丹时，他已经是一个磊落强大的男子汉，而在此之前呢？少年时代的甄子丹，是什么样子？他的力量，又源于何处？因为电影的拍摄，甄子丹错过了与姥姥的最后一面。但是姥姥背着他到处走的身影，却永远停留在他的记忆深处。有爱就有力量。因为心中有那么多对家人的爱，在甄子丹的世界里，他可以纵横无际。

周扬

硬汉柔情

杨　澜：守镇，我们先不介绍嘉宾，来猜猜看女性心目中的最佳银幕情人。大家知道是谁吗?

赵守镇：肯定是赵本山，多帅呀，多幽默呀，肯定是他。

杨　澜：就是斗鸡眼的那个人?

赵守镇：对。

杨　澜：女性一致选择灰太狼作为她们的银幕情人，还有一个奖项呢就是银幕硬汉，这个奖项没有太多的竞争，有一个人的得票是遥遥领先，他就是我们今天请来的嘉宾甄子丹，掌声有请。相比较过去的戏来说，2009 年这四部戏，情感戏、文戏的部分加了很多。

甄子丹:其实完全是《叶问》的改变,大家看到了甄子丹的另外一面。以前我一般都是拍一些比较冷漠、比较苦的角色,一拍就拍十几二十年。但是我心里很多感情的东西，可以透过这些角色让观众看到甄子丹的另外一面。

杨　澜：我听到剧组的人说，这四部戏每一部在你拍摄的时候都有把剧组里的人拍哭?

甄子丹：这个东西很奇妙的。因为《叶问》的改变，去年我很大胆地接下四部电影。那四部电影都是不同的角色，但是里面都包含了内心的一些感情戏，甚至一些哭的戏。我也不知道突然间我的表演，可以引导现场的一些观众、导演，给他们一些那么直接的感受。曾经就是有一场戏，我在那里面角色要弹钢琴。

杨　澜：总算把童子功用上了。

甄子丹：是我跟舒淇的一场戏。在弹钢琴的过程中，把一些感情抒发出来,就是一边弹,一边非常伤感地流了眼泪。然后接下来那场戏，那个镜头就需要舒淇入镜，坐在我旁边，然后我们继续去搭戏搭下去。

我就弹，一路弹一路投入到这个状态，弹到眼泪开始掉下来的时候，突然听见有人哭的声音，就是“呜”这样子，然后刘伟强就坐在那边，但是舒淇还没有入镜，她已经在镜外面被感动了。

杨　澜：哭了？

甄子丹：哭了。

杨　澜：而且还出声地哭了？

甄子丹：然后刘伟强就看着舒淇说，你干吗？

杨　澜：还没有轮到你哭。

甄子丹：镜头还没有给你一个特写。

杨　澜：那后来那一条就没过对不对？

甄子丹：过了，也过了。

杨　澜：我以为重新再来一遍。

甄子丹：没有没有，过了。这几部电影都给了我一些很大的启发，以前我没有想过自己可以在内心戏中找到感觉。

赵守镇：我特好奇，想问你一下，你平时有没有对打过，或者是年轻的时候，有过吗？

甄子丹：我觉得我们处在一个法制的社会，不需要这样子嘛。我们是文明人，中国是一个文明的国家。

杨　澜：其实我觉得守镇煞费苦心，她也特别希望能够当面见识一下你的身手有多么敏捷。但是，咱们俩都是女的，他出手很快，我们也毫无招架之功，所以我们找一个男的工作人员，这样碰疼他一点，也没有太大的问题。可以吗？

甄子丹：我可以简单地来一下。

杨　澜：好，我们请我们的造型师老黑上场。

甄子丹：其实对我来说武术，就是武功的技术。不同的门派有不同的招数，比如说大家看到《叶问》里边那个咏春拳。武术的门派很多，所以短时间内很难去表现所有门派。今天就示范一下李小龙喜欢的一些东西。

杨　澜：好，李小龙是怎么样打法？

甄子丹：李小龙他在电影里面教学，比如说这个人出拳。别怕，我没有失误过，今天也不会失误。

杨　澜：但是如果要失误的话，那个保险就会起作用。

甄子丹：你知道李小龙他的出拳，他的边锤、钩拳、欧拳，不像咏春拳这种。

杨　澜：谢谢，身手好棒啊。

冲动地说了一些冷静的话

杨　澜：几年前采访甄子丹，我就发现他在家庭的观念上，真的与很多艺人不同。因为在港台有很多的艺人很怕把自己结婚、有小孩子的这些消息说出来，好像生怕粉丝会不高兴，但是子丹好像从来就不隐瞒这方面的事实，而且对家庭很有承诺。

甄子丹：对。我觉得可能因为我的性格比较直，也没有很故意去隐瞒一些所谓的隐私。所以很多狗仔队都经常拍我们在香港的一些生活的照片，我也无所谓，反正你拍你的，我过我的生活。

杨　澜：太让人羡慕了。很多男性他们在找女朋友或者是太太的时候，通常都会觉得，那个女孩子会比他矮一点，你看我是男子汉，我很高大威猛，但是你的太太是比你高。

甄子丹：好多女孩子比我高。

杨　澜：她不穿高跟鞋也比你高吧？

甄子丹：对。

杨　澜：所以她平时穿高跟鞋吗？跟你一起出去。

甄子丹：我无所谓，我真的无所谓。我觉得一个男人他需要有自信，高是很高但是没有自信也没用，最重要的还是来自于内心的一个宽度，所以我跟我太太很大方，你随便拍吧。

赵守镇：我觉得个子不是问题，问题是年龄，有没有代沟呀？

甄子丹：她比较成熟，我比较幼稚，所以大家就刚好凑起来。

赵守镇：你幼稚的时候怎么样？

甄子丹：我幼稚起来就是非常地成熟。

杨　澜：这是绕口令？但是我知道你们两个人其实认识很短，两周的时候就决定结婚了是吗？

甄子丹：对。

赵守镇：谁搞定谁啊？谁先搞定谁？

甄子丹：她搞定我了。

赵守镇：真的吗？

杨　澜：他把自己放在奇货可居的这个位置啊。

甄子丹：她让我搞定她，所以她搞定我，我搞定她。

杨　澜：她有没有说她喜欢你的什么？

甄子丹：太多了数不清楚。

杨　澜：那个时候你怎么求婚的呢？

甄子丹：其实我求婚也没有很浪漫的台词，我们拍拖两个礼拜。有一天我就突然间在心里有一股很想说一些话的冲动。但是那种冲动还是经过一些冷静的考虑才产生，可谓冷静之下的冲动。所以我非常冲动地说了一些冷静的话。

杨　澜：说什么了？

甄子丹：我们结婚吧。

杨　澜：就是这样吗？

甄子丹：就是这样，没有像电影里面的情节。我们在一起的第二个礼拜我就开始觉得对方就是我想过一辈子的人。其实我们在一起第七天已经有这个感觉了。那种感觉很浓很浓，每一天的增加让我越来越清楚。当我讲出来求婚那句话的时候，我已经非常清楚地知道，如果我不说的话，我可能一辈子都后悔，所以我就向她求婚了。

杨　澜：然后她怎么说呢？

甄子丹：她说好奇怪，我也这样想。

杨　澜：这有什么奇怪的呢？心心相印。

甄子丹：我们两个是真的很有缘分的。我比她大那么多，最起码我人生经验比她多很多，当时她只有22岁。但是她也很清楚。

杨　澜：她就愿意跟你一辈子？

甄子丹：她完全是凭一种感觉。

杨　澜：这就是化学反应，你要么有，要么就一点没有。一旦有，就要抓住那个时机。她喜欢你，但是结婚毕竟是两个家庭的事情，所以你第一次要去见自己未来的丈母娘和老丈人的时候，会不会有一点忐忑不安。

甄子丹：很紧张。我经过很多关的，因为我老婆她的家族比较大，我岳母的家族也比较大，她有五个姐妹，然后最重要的一个人一定要让她通过，就是她的婆婆（外婆）。

杨　澜：是去见老丈人之前先见外婆。

甄子丹：其实是我的计谋，因为大家都听婆婆的话。

杨　澜：都听婆婆的话。而且你相信这个婆婆一定很喜欢你。

甄子丹：一开始不知道，很紧张。我还记得那天我送我太太回去她婆婆家的时候，大概是晚上12点，所有的阿姨跟婆婆已经等着了。

杨　澜：好恐怖，12点打开门，一屋子老太太都坐好了。

甄子丹：真的，反正就是一桌子阿姨阿婆坐在那边，然后她给我一杯茶坐在那边，大家也没有什么话说，她就坐在那边默默地看着我。

杨　澜：然后呢？

甄子丹：后来我老婆说，当时她的婆婆非常喜欢我。

杨　澜：为什么？因为你不说话。

甄子丹：她也不知道，她就是一种感觉，这个人我没选错，肯定就这个人，她就马上打电话给我岳母，她说，诗诗找这个人，我相信这个人肯定是你女婿。

杨　澜：两个星期把女朋友搞定，两个小时把丈母娘和老丈人搞定了，好有本事。我听说，你太太也蛮浪漫的，会给你准备一些意外的惊喜，对不对？

甄子丹：对。

杨　澜：什么时候给你惊喜最大？

甄子丹：去年我生日，刚好当时我拍《十月围城》，我的生日是7月27号，她骗我7月27号帮我接了一个活动。

杨　澜：出席一个活动对不对？

甄子丹：本来我的生日是我们两个人过，但是她说没办法，她答应别人了，而且是她朋友，合约都已经签了。我说好吧，那我7月27号回到香港吃完饭之后，她带我去Party。我一进去之后，好奇怪，有一二百人拿着甄子丹的牌，说什么"丹丹我爱你"，我越看越奇怪，发现怎么吴君如拿着那个牌。原来她把我圈内的很多的朋友都请来了，让他们做粉丝。

杨　澜：Surprise！

甄子丹：对，Surprise Party，她已经策划了好几个月。而且最难的一件事情，就是她在香港买那些牌，因为她从来没有做过粉丝，到处去问，上网去找那些地方，找到在香港很远很远的工厂区的一个地方。她跑去问那个人，就告诉那个人要做一些甄子丹的粉丝牌，那个人问她甄子丹要出唱片吗？她说什么唱片，不是。就是这样，我太太会花很多心思，我非常非常感动。

杨　澜：那作为男人真的是非常非常感动。我听说你们的结婚纪念日也过得很不一般，也是太太来安排是不是？

甄子丹：是。

杨　澜：怎么过呢？

甄子丹：今年，好像我前一天还在拍戏，然后飞回香港。虽然去年接了四部电影，但是我接那四部电影，都告诉所有的制片人说有几天我必须回香港，老婆生日，女儿生日，儿子生日，结婚周年。

杨　澜：这都写在合约里的对不对，这几天是不安排拍戏的。

甄子丹：对，我不拍戏，多少钱我都不拍。

杨　澜：好棒。然后呢？

甄子丹：回香港很晚，她说明天7点半要起来。我就说，干吗？去哪里？Surprise？我们7点多就起来刷牙洗脸，然后带着我出去。原来她已经付钱学烹饪。一般一个烹饪班有八个人，每个人都要付钱，她就付了八个人的钱，我们两个人一起过。

杨　澜：然后还有个厨师。

甄子丹：对。就教我们。

杨　澜：那个厨师那天很高兴吧，他平时要教八个人，这次只教两个人。

甄子丹：他非常高兴，因为他是我的影迷，他来的时候拿着照相机，跟我拍照。

我叫“甄炒蛋”

杨　澜：那你那天学做的什么菜呢？

甄子丹：牛排、龙虾汤。因为我太太喜欢法国菜，她最后一道菜就是那个鹅肝。

杨　澜：都是大菜。

甄子丹：大家也吃过牛排嘛，其实吃牛排煮牛排有一个方法，从那天开始我才学会。有没有发现在家里，大家买的牛排，很容易把它煮老了、硬了。那怎么把牛肉的原汁都保存在里面，同时没有过度去弄焦了，其实有个方法。

杨　澜：怎么弄？

甄子丹：你买一块好的牛肉，然后买肉回来怎么弄呢？你先弄一些调味料和盐，然后在煎的过程中，拿着一个钳子来夹着那块肉。先煎一下周边的，两面都要煎一下，然后再煎一下那个牛肉周围。它有一个用途，把所有外面汁都包起来，然后它的汁就不会露出来，就保存了原汁原味。

杨　澜：我知道了。就等于是把各个面都煎一煎，这样汁就在里面了。

甄子丹：对，我跟你说，重要的关节不是在这个点。

赵守镇：你讲半天还不是关键的？

甄子丹：这个过程只是一个开始，最多就是一分钟，然后放在那个烤箱里。320℃烤它，我忘了烤多少分钟了。

杨　澜：怎么会这样。

甄子丹：回去问问我老婆，反正就是弄出来的东西跟大酒店、大餐厅的味道一模一样。

杨　澜：真的？

甄子丹：真的，我不骗你。

杨　澜：那学完了以后你做过几次呢？

甄子丹：很多次，真的，我可以开餐厅了。

赵守镇：他教我们怎么做菜的时候有没有觉得像武术。

杨　澜：对，我也觉得有点像武术。一般的时候不是先把牛肉捶呀打呀。

赵守镇：如果是疯牛肉的时候再打一次，太厉害了。

甄子丹：就变成疯子打疯牛了。

杨　澜：其实生活当中很多男人小看了做家务事的乐趣，对不对？很多男人就觉得我一个大男人，跟你们女人做这种东西，他恰恰不知道生活的乐趣就在于这些小的东西。

甄子丹：其实不能说我能煮东西，但是有一样菜我是煮得很不错的，就是那个波士顿的龙虾。

杨　澜：那龙虾有什么考究呢？

甄子丹：因为不同的龙虾做法不一样。

杨　澜：你稍等一下，我宣布《天下女人》今天改成美食节目。对，饿了，来说说。

甄子丹：要不我说关键的。

杨　澜：你快点快点，都急死了。

甄子丹：煮龙虾一定要放那个小便。

赵守镇：什么小便？

甄子丹：我们叫，怎么说，放尿，放掉龙虾的尿。

杨　澜：我都不知道龙虾的尿！

甄子丹：因为煮龙虾的时候，你不把龙虾放尿的话，你煮出来的时候就有腥味。

杨　澜：怎么样放呢？它已经死了。

赵守镇：对，它不尿怎么办？

杨　澜：还是活的龙虾对吗？

甄子丹：对，活的龙虾。因为它是冷血动物嘛。

杨　澜：OK。

甄子丹：龙虾是冷血动物，没有什么太大的感觉。你要找一个铁的煮饭的大叉子，在它的屁股里面弄一弄。

杨　澜：然后就有尿出来了？

甄子丹：对，然后放尿，放完了，就煮一锅水。水一定要加一点盐，龙虾放了尿后，就放进去煮7分钟。

杨　澜：多一分钟不行，少一分钟也不可。

甄子丹：不要太过头了，不然它的肉就不甜。

杨　澜：有一大你如果退休的话，就同时出两本书，一本书关于武术，一本书关于厨艺。

甄子丹：我炒蛋也很棒的，我炒蛋真的很棒的。

杨　澜：谢谢，对不起。《天下女人》我们真的不能继续说美食了。我倒是很有兴趣买你这本书《甄子丹饮食妙法》。

甄子丹：我炒的蛋又不老又没有油。

杨　澜：谢谢，谢谢，谢谢。我现在必须转移一个话题了，如果我们的女性观众知道这个银幕硬汉甄子丹还善于饮食，那我相信你是明年打败灰太狼的不二人选。

赵守镇：就是。

甄子丹：真的真的，所以为什么我叫甄子丹呢，我叫“甄炒蛋”。

有爱就有力量

杨　澜：其实婚姻随着时间的流逝，有时候会遇到一些挑战，特别是像你，一年如果拍四部片子的话，岂不是相当于有七八个月不在家里了。那你那个时候怎么保持你的那种感情？

甄子丹：首先我们一天要通很多次电话，还有电脑的视频，我跟我的子女也是，我尽量找机会和他们通话，就算十秒八秒我都会让他们拿着电话筒，然后告诉他们我爱他们，我想他们，让他们知道，虽然爸爸不在身边，但是我的心还是永远在他们身边。

杨　澜：就拿起电话来，我爱你，我想你，拜拜？

甄子丹：其实真的差不多是这样的。Jasmine，可能她很忙，我还是经常告诉她，我想她，我要她，我爱她。

杨　澜：真是一个好爸爸，我觉得天底下这样的男人应该多一点，多学着点，非常骄傲的一位父亲。女儿出生的时候有没有遇到一些出乎意料的事情？

甄子丹：我女儿在加拿大出生的，我还记得是1月19号她出生。但是在1月18号我老婆胎还没有动，女儿就要出生了。我老婆比较喜欢照顾家务，在家里面动来动去，她就说怎么没有感觉，明天她应该是预产期，怎么会没有动向呢？但是大概在晚上三四点，她开始有点痛了，开始痛了，痛得喊救命。

杨　澜：真的，那你又怎么办呢？

甄子丹：马上叫医生，然后我赶快穿好衣服就马上去医院，外面还在下雪，我老婆在旁边就喊着，救命啊，她那个时候那个情景真的很惊险，很紧张。我心里非常紧张，但是我没办法，要装着很镇定嘛。所以我就安慰她，别怕老婆，别怕，别怕。其实我都满头大汗，一路开车我就想如果真的在车上生的话，我应该怎么办呢？怎么做呢？

杨　澜：咏春拳。

甄子丹：就开着车子，我老婆就说，我真的忍不住了，我一定是在车上生了，我就安慰她，等一会儿，等一会儿，差不多到医院，同时我也不能开车太快。

杨　澜：外面在下雪。

甄子丹：对，下雪。

杨　澜：要安全。

甄子丹：安全的。我们差不多到9点钟到那个医院，就在那个房间里等医生进来，她在喊，医生什么时候进来啊。反正就是每一分，每一秒好像过得都很煎熬的。

杨　澜：那个时候你是不是觉得一个男人完全使不上力气？

甄子丹：完全没有，功力全废。我就抓住我老婆的手说，快了快了，要坚强。后来医生进来了，我老婆还没有时间换衣服，就把牛仔裤脱了，护士给她铺了一个比较干净的床单。

杨　澜：孩子就出来了？

甄子丹：对，孩子就出来了。我就听见这个声音，也不知道是什么声音，然后我女儿出来她要一张床接。我听见好像那个冲水了，冲马桶那个声音，我说我女儿有没有事啊，有没有撞到头啊，很快地我听见我的女儿哭了，看来还好，他就恭喜我当爸爸了，我还没有反应过来，然后我就跟医生说，我可以剪脐带。

杨　澜：剪脐带？

甄子丹：就让爸爸剪，还没说完，他已经绑好了。

杨　澜：你那时候出手太慢了吧，那时候就应该拿起剪刀，咔嚓一剪刀嘛。

甄子丹：就是，所以千万不要骄傲，永远都有学习的那个空间。从那天开始我觉得我的功夫并没有怎么样，还要太长的路要学习。反正就是整个过程，大概在医院里面27分钟，只有27分钟，快得不得了，大家都很惊奇，我告诉所有人，哇，那么快。

杨　澜：对啊，那就没有吃太多的苦。

甄子丹：所以我认为我的子女非常孝顺，她很孝顺。

杨　澜：孝顺是从这时候开始算的是吧。但是我觉得真的作为一个爸爸，不管你再有本事，在那个时候你只能在旁边看着。

甄子丹：对。

杨　澜：所以在这之后对于女人的认识有什么改变？

甄子丹：什么改变？

杨　澜：就是你对于女人的认识。

甄子丹：太伟大了，真的。当然我们男人也伟大。

杨　澜：也伟大，也伟大。没有你们孩子也生不出来。

甄子丹：我们同样都挺伟大的。我们男人真的要学会怎么照顾你身边的，无论是你的爱人也好，普通的女士也好，都需要。因为男士，我们在体格上就是比较强。《叶问》的电影好在哪里，就是虽然他的武功高强，但是他发扬一种精神就是，有这个能力，有这个能耐，但是我们不嚣张地去动手。

杨　澜：不是逞强。对，不是斗狠，而是很有爱心的。

甄子丹：用另外一个角度来用这个哲学，也可以来说一个男士，需要一种风度。

杨　澜：所以一个男人真的要有男子气概，并不是说他拳头有多么厉害。我觉得他有能力去爱的话，这个男人就很有力量。拍《十月围城》的时候，你的姥姥是去世了。对吗？

甄子丹：对。

杨　澜：那个时候你有机会能够回去吗？

甄子丹：没有。

杨　澜：她在哪里？

甄子丹：我非常的惭愧，而且很遗憾。当时我除了拍《十月围城》，同时在银川拍那个《锦衣卫》，我接到我爸爸电话，说我姥姥已经在医院，而且已经时间不多了，问我是否可以抽时间马上飞回来。但是当时我，同时拍两部电影，《十月围城》《锦衣卫》，还有就是我刚答应了陈可辛，帮他补一场，最后有一场最大的那个武打戏，我来倒的，所以工作量是非常的大，挣扎了好久。当然我决定要飞回波士顿，就算我飞回波士顿见我奶奶一面，马上坐飞机回来我都要去，就马上订飞机票，而且同时跟陈可辛说，不好意思，大家都在等我，那个《锦衣卫》也是，大家都等着，你知道我从银川飞回波士顿要30个小时。

杨　澜：真的？

甄子丹：要转机嘛，肯定30个小时，但是我都要去，我一定要去的，我去见我姥姥，见她一面，然后马上坐飞机回来，马上开工。所有准备好了，飞机票也买了，第二天早上我爸爸打电话来说，昨天晚上你姥姥已经过了，就这样过去的，我当时心情很坏的，好像自己做那个孙子没有尽到本分，而且那十几年来，我都一直不在波士顿，她老人家都住在波士顿的。

杨　澜：那老人家也有看你的电影吗？

甄子丹：有。

杨　澜：她最喜欢看你哪部电影呢？

甄子丹：都喜欢，你知道她把我带大的。有时候我都跟她通电话，她只是跟我说保重身体，不要那么辛苦，钱不要赚太多了。

杨　澜：好像每一个人的奶奶都是这么说的？

甄子丹：是，是，是。所以到今天为止我都是抱着很大的遗憾。

杨　澜：但是我觉得这世界上有一些事情都是你没有办法去左右的。我想老人家也很欣慰，有这么一个孙子。我总觉得有些东西可能不会消失，她可能还会感知得到你在做的所有事情，而且一定会很体谅你的。后来有没有梦到过她？

甄子丹：有时候都会想起她。我还记得小时候我们在香港的生活，家里没有钱嘛，从我一岁多到十几岁我吃的饭都是一碗白饭，然后我姥姥就去买一个鸡腿，或者是一个咸蛋，这一顿饭就是这样子，放点酱油。

杨　澜：给你吃？

甄子丹：每年都是这样子，但是我还记得她老人家喜欢打麻将，她经常带我去打麻将。我爸爸去工作，然后她背着我去那边，那个印象都非常深刻。

杨　澜：所以她背小孩子的功夫很好，也有点遗传啊。

甄子丹：所以女人的力量很大。但其实真的，她的力量其实比男人更来得强大。

杨　澜：其实我觉得人生当中就是这些点点滴滴的真的感情，会给人很持久的一种力量，让你去做一个什么样的人，去做一个什么样的丈夫，我觉得有这些情感的积累，真的一个人会变得很富有。过去谈到硬汉的时候就说他不掉眼泪，或者能够吃多少苦，受了多少伤等等，中国人还有另外一句话叫做“无情未必真豪杰，怜子如何不丈夫”。其实真正的男人，一个男子汉，一个硬汉，我觉得应该有很丰富很细腻的那种情感的世界，有爱才有力量。

李云迪

云中漫步，琴键悠扬——李云迪

以绝技为生的人，会很幸福。因为人生最持久、最强烈、最愉悦的幸福和最昂贵的房产一样，需要巨大的付出。但是这种幸福，需要的是巨大的内心付出，金钱或者任何物质、他人都无法提供帮助。

编导手记

以绝技为生的人，生活会变得很简单。因为一种技艺的成熟，需要太多的时间锤炼；而且你所有的精神沸点，都集中在这一门自己熟悉、热切追求的事物中，生活中很多事物都会无法回避地被省略、不予任何考虑。所以，天才总是让人觉得古怪、呆气，甚至是不通人情。

以绝技为生的人，会很谦虚淡泊。因为他们历经艰难攀登到了高峰，却会发现无数的奇峰异域，终自己一生，都还只能取一瓢弱水。所以说，真正有才华的人，他总是谦虚的，而这正是非凡的才能才能发现、实现的！

以绝技为生的人，会很快乐充实。因为他的目标如此明确，每天的任务如此具体，他再没有自由的迷茫痛苦，只在追求所爱中激荡、消耗掉所有激情和智慧。

以绝技为生的人，会很坚定。因为他知道获得将意味着什么，懂得等待、执著、不断努力的意义！所以他不会放弃，他全身心感觉着黑暗、阻力、打击、痛苦等，把它们一盘盘码好，当做最后成功的下酒菜。

以绝技为生的人，会很幸福。因为人生最持久、最强烈、最愉悦的幸福和最昂贵的房产一样，需要巨大的付出。但是这种幸福，需要的是巨大的内心付出，金钱或者任何物质、他人都无法提供帮助。

李云迪没有直接说到这些，一期节目也不会像传教士。但是这期节目可以认识一个人，感觉一种生活的状态。也许，会有些重要。

红林

差点就和钢琴错过

杨　澜：今天我们的嘉宾就是才华横溢的被喻为钢琴王子的李云迪。我发现你们俩都很陶醉，是不是也闭着眼睛，这样的。

赵守镇：我是挺矛盾的。

杨　澜：你矛盾什么？

赵守镇：因为差一点结束的时候，还没结束，又开始，然后看他的表情很痛苦。

杨　澜：你好几次想鼓掌都没敢鼓。这个过程是很难过，但是我说实话是听不懂。

李　艾：你好直接啊，一般我们都不会这么直接，我们说，哇噻，弹得真的好好哦，但实际上也是没听懂。

杨　澜：不是，接下来的问题，请问你弹的是什么？来，云迪要做一下普及工作。

李云迪：刚刚演奏的这个是肖邦的《夜曲》。我觉得肖邦的《夜曲》，能够代表肖邦精神的比较着重的一点，它是非常优雅，非常浪漫，而且是旋律性非常强的，很有歌唱性。

杨　澜：你一说我们觉得好像真是这么回事。

赵守镇：你的表情为什么那么痛苦呢？

杨　澜：那叫陶醉，怎么叫痛苦呢？

赵守镇：没有，我觉得他好痛苦啊。

李云迪：其实在仔细地聆听声音的音色的变化，一定要集中你的注意力。像有的时候如果念佛经，你一定要专心一样，因为里面细微的变化是很多的。

李　艾：我刚才也有个疑问，云迪在弹得非常陶醉的时候，说实话我有点不知道，眼睛该看哪里是正确的。因为我刚好可以看到，钢琴里面的一些变化，所以应该看着钢琴，还是应该看着云迪的表情，还是应该看着别处，还是应该闭着眼睛，我有点找不到一个比较好的方式。

赵守镇：我是没有犹豫，我就是看他。

李云迪：这是非常特殊的情况，因为很少有人坐这么近，看我弹琴，一般你想在音乐厅都是很遥远。

杨　澜：这是我拦着她们，如果没有拦着她们，她们就凑得更近了。

李　艾：你有没有碰到过像杨澜这种，上来就跟你说，我听不懂，我没明白。

李云迪：我的同学或是朋友有些也是，也会说，可能我听不懂这个是什么意思，但是也很正常。

李　艾：你会跟他们解释吗？我刚才弹的那个是怎样怎样的。

李云迪：如果你感兴趣，我可以大概讲一讲是什么样的气氛。

杨　澜：对，像刚才那个《夜曲》，那是在肖邦的哪一个阶段写的呢？当时他处于什么样的感情当中呢？

李云迪：是在他早期，生活非常美好，对生活非常憧憬的时候。可能在当时，他的心情非常平静，应该说还是算比较稳定的少年时期写的。

杨　澜：这比较适合李艾，少年时期。

李　艾：你知道吗？因为我一直觉得弹钢琴是一件特别美的事情，然后我很想学，但是我又觉得自己年纪颇大了，就是什么样的人合适学钢琴，据说好像是，要手长得特别有天赋才行？

杨　澜：对，我觉得你手很长啊，但是这个小指够长吗，云迪看一下。

李　艾：需要手指长，小指长？

杨　澜：而且跨度要大，是不是？

李云迪：其实小的时候我手很小的，差点就没有学钢琴了。

杨　澜：真的？

李云迪：记得当时有一个老师，好像跟我那会儿的老师说，这么小的手，以后就不要弹钢琴了，估计没有发展。

李　艾：手要大，我们能比画一下吗？

杨　澜：那后来弹着弹着就长大了吗？

李　艾：我的手跟他差不多啊。

李云迪：可以可以，还可以学，现在还可以继续学。

李　艾：真的？

杨　澜：你看，李艾，你还是有希望的。

李　艾：守镇，你行吗？

杨　澜：守镇的手也给大家看一下。

赵守镇：我知道我的手有点胖乎乎的，如果我是泡椒牛蛙的话，肯定很好吃的那种，特厚。

李云迪：但你这个弹比较激烈点，大声点估计很适合。我觉得，还可以，你弹的声音可能会比较大一点。

杨　澜：所以像她这样胖乎乎的手，也是可以弹一些力度比较大的曲子对不对？

李云迪：其实没有关系，这个什么样的手只要够用就行。什么叫够用呢，八度是至少的一个标准，要能够着八度这样上上下下，我觉得通过后天的练习，都没有问题。

赵守镇：就像我这样性格比较暴躁的人，如果学钢琴的话会有帮助吗？

李云迪：可以呀，你可以通过钢琴来发泄。

李　艾：不要，这个钢琴一百多万的，你要发泄吗，好贵哦。

李云迪：没关系，生活当中情绪很重要，所以说才把这种情绪转化成了音乐。肖邦也是把他的情绪变成了音乐，而我们是通过这些音乐，来传递感情和情绪。

杨　澜：说起钢琴家呢，很多人都熟悉这么一部电影，叫《海上钢琴师》。很多人头脑当中印象非常深的，这样的一个电影片段。就是在弹奏的时候，会因为看到了某一个人，然后得到这样的一种灵感吗？

李云迪：应该说不会突然这样子，你表演的时候是聚精会神的，但是你在表演时会去搜索你的生活当中，或者在某个片刻的感觉，比如一处风景或者说一种很细微的感受吧。

与肖邦共鸣的音乐直觉

杨　澜：我能给你出个难题吗？你能分别用三段，非常短的曲调来形容一下，对我们三个人不同的感知。是不是很有挑战性？

李　艾：这个好，这个好。

李云迪：先从她开始。

杨　澜：从李艾开始，有这么美吗？

李　艾：我都不好意思往那边看。

杨　澜：李艾，谈感受。

赵守镇：你脸红了，亲爱的。

杨　澜：你完全是脸红了。

李　艾：我都不敢看那边，你知道吗？我觉得这是一首感人至深的乐曲。我觉得很美，但是就是具体的词汇，我觉得难以用言语来表达。

杨　澜：对，那云迪给介绍一下。

李云迪：其实就是比较浪漫一点，然后比较富有想象力，比较憧憬。

杨　澜：那这一段曲子是从何而来的？

李云迪：也是肖邦《夜曲》中的一首。

杨　澜：而且很明媚，我觉得挺适合这个非常年轻的女孩。你能用一个稍微年纪大点的音乐来形容我吗？

李　艾：好像你呀，真的很像。

杨　澜：为什么像我呢？我这么有激情吗？就是因为大家通常都看不到，我特别激情的那一面，但是我觉得李云迪把我心中的那种活力表达出来了。

李　艾：没有，我觉得特别像你，有些时候你还没有来，我们在化妆间里头，听到你从外面进来的高跟鞋的声音。

杨　澜：节奏比较快。

李　艾：噔噔噔，然后一进来跟大家打招呼的那种感觉。

李云迪：这个是有一种英雄的气质在里面。

杨　澜：谢谢，但是我在想，如果你已经用英雄来形容我的话，你用什么来形容守镇？

赵守镇：一般最好的在后边，表示最重视我。

李　艾：她是压轴。

赵守镇：别人叫我都是韩国大美女。

李云迪：难度最大的。

杨　澜：你知道吗，我听出来了，这个是肖邦比较疯狂的时候创作的。

李云迪：肖邦的这个《革命练习曲》。

杨　澜：从我这儿是英雄，到你这儿就决定要革命了。

李云迪：激烈一点。

杨　澜：你当时怎么去理解，肖邦他的某种忧郁，他的浪漫激情？

李云迪：18 岁时的理解跟现在肯定不一样。

杨　澜：你 18 岁的时候，靠什么去理解这个感觉？

李　艾：不需要有生活体验吗？

杨　澜：很敏感，对爱很憧憬。

李云迪：我觉得有一种很单纯的，对音乐的一种直觉，我觉得这个可以算是天生的，我自己有这样的比较。这可能是上天赐给我的一种东西，我可以比较容易地去感受。因为音乐它是除语言之外的，另一种表达方式了，当你触摸到琴键的时候，每一个和声，每一个音符，它都能展现出喜怒哀乐的这种音调。

杨　澜：你要上场之前，特别是在华沙这样的地方，演奏肖邦，这个压力很大的，对不对？就像人家跑到中国来，给你背唐诗。

李云迪：其实还好了。上次去演奏的时候，有一点压力的，但是还是感觉很亲切，因为毕竟十年前我在华沙获得肖邦这个奖。然后我现在是十年以后，又回到肖邦的故乡去演奏，给这个国家的人去欣赏，也是有一种荣耀感和自豪吧。所以我演奏的时候，也感觉非常地投入，而且希望能通过我对肖邦的一种带有中国文化的诠释和理解，去感受肖邦他当时创作的这种经历，这种体验。

杨　澜：当时弹的时候，你会觉得肖邦附体了吗？就是你会把自己想象成是肖邦吗？

李云迪：还好吧，没有想过，但是我做梦的时候会梦到。

杨　澜：真的？你梦到什么？我就梦过这个《盗梦空间》。

李云迪：没有，我就梦见有一次我去听他的音乐会，但正准备去跟他说话的时候，就醒了。

杨　澜：所以今年在华沙为纪念肖邦200周年诞辰是吧？

李云迪：对，诞辰。

杨　澜：诞辰200周年的音乐会，你当时弹的是什么曲目？

李云迪：当时弹的《波兰舞曲》，因为《波兰舞曲》最代表肖邦对祖国的情怀的。

杨　澜：那个时候观众会有一种什么样的反应？

李云迪：非常兴奋，非常热情。而且你会感觉在弹的过程当中，他们都是完全聚精会神地在欣赏。可能肖邦的音乐也算他们自己民族的一种音乐，觉得非常非常的亲切，这种亲切感就好像，我每次在中国表演中国乐曲的时候，大家的这种感觉，就是自己的东西。

杨　澜：当你寻着肖邦的足迹，去探访他曾经生活的一些地方，那些你能够看到、触摸到的东西，会给你一些什么感觉？

李云迪：我去过他出生的那个房间，离波兰大概一个多小时，两个小时的路程。就是一个小村庄，然后周边非常非常的荒凉。但是就是在这么一个地方，诞生这么伟大的钢琴诗人，这个最伟大的钢琴作曲家。我也特别去看访了一下他当时的钢琴，跟我们现在的钢琴有很大的差别。

杨　澜：那个时候的钢琴是什么样？

李云迪：其实那个钢琴很小的，声音也很小。因为那个时候肖邦的作品，像《夜曲》，是在一个小范围，可能两三百人听的。没有像现在在两三千人、五六千人这么大的地方去表演，所以相对的，那时候的钢琴，它所发出的声音，就是比较单薄，比较微弱，然后造钢琴的技术跟现在也不一样。

杨　澜：你在上面弹的时候什么感觉？

李云迪：我觉得这个声音实在太小了，不足以去表达现在的场地环境。因为如果那个钢琴，摆在现在的音乐厅，估计声音都没有，那更不要说去感受了。可能摆在现在距离你们这个位置是最适合的，就是站在这里听，这个声音大小了。因为说实在话你在这里听，如果我以演奏的这种状态表演，会嫌声音太大。

杨　澜：所以他就会去关注这种音乐的差别，不同的时代会产生不同的差别，所以那个时候其实弹钢琴，手不用那么大是吗？

李云迪：相对来说。因为琴键比现在造得要小，窄很多。

李　艾：是的。如果像守镇这样，她一个手指按下去，按俩键了吧。

赵守镇：那不可能，其实我看过好多他演奏的视频，给我的印象最深刻的，并不是肖邦的那些很难的曲子。其实给我印象最深刻的是，周杰伦跟他弹，是不是？

杨　澜：太棒了，现在通俗和古典的这种跨界的合作，也成为一种时尚，会不会一开始有抵触感？

李云迪：应该不能说抵触吧，觉得还是人与人的一种交流。当时我是参加香港金唱片的一个颁奖典礼，我是获得了古典音乐的一个奖项，他是获得的流行音乐的一个奖项。然后当时无意间碰到了，也聊了几句，觉得也蛮有意思。我觉得做艺术做音乐的，可能需要讲求一种缘分，而不是只是为了合作而合作，这种感觉是一种很自然的，很融洽的氛围。大家可能谈到有兴趣，一起玩儿一玩儿，一起弹了一个四手联弹，就这样熟悉和认识。

杨　澜：但是对他们来说就是在玩儿了，就是在玩儿一下这样。

李　艾：但是现在这种形式叫做，有个很好的词叫做 cross over。

杨　澜：跨界，而且不是四手联弹，他们其实就是一个人左手，一个人右手那么弹的。

赵守镇：中间有几次错的，都是他错的是吗？

李云迪：和声，有些和声的，但那个其实不重要了。

把每次演出都当做第一次来准备

杨　澜：像今年，为了庆祝肖邦诞辰 200 周年，全世界都有各种各样的音乐会，像这样一年当中，你需要正式登台演奏多少场音乐会？

李云迪：其实今年到现在应该说已经有 60 场音乐会的演奏。

杨　澜：就是半年的时间你演了 60 场？

李云迪：对。

杨　澜：六个月那你就是差不多每个月要十场，三天一场，这个工作量好大。

李云迪：其实也还好，因为是自己的一个梦想，也是自己想去做的一件事情。就是身体上，有的时候会觉得很累，但是从精神上来讲，没有感觉疲惫。

杨　澜：那你上场之前会有一些什么自己特定的动作吗？比如说要穿什么样的衣服，出门要先迈哪只脚，是不是都有特别的习惯呢？

李云迪：有自己的习惯。我演出前是不吃东西的，中午一定要吃饱，而且要吃好。

杨　澜：那你爱吃什么？

李云迪：在这些方面我是很随性的，当然演奏前会叫工作人员准备一些维生素 C，CC 柠檬，我有这个习惯。我感觉会让我镇定，但是我不知道是不是真的会。

赵守镇：你平时喜欢吃醋吗？

李云迪：吃醋，喜欢吃一点。吃饺子的时候一定要吃醋，吃火锅的时候也要吃醋。

杨　澜：听说你有很多衣服，但是一直就穿一身。

李　艾：两年了，那身衣服。

李云迪：对，我演出服不止六年了。

杨　澜：真的还没穿破。

李云迪：我很节约，这是我的战衣。

李　艾：但我听来好像不是这样的。

杨　澜：对啊，你肯定是觉得穿这一身衣服运气好。

李云迪：对，我也有这样的感觉。我不想换了以后，再去适应，因为舞台上很敏感，我不想有任何其他的东西干扰我的注意力。

杨　澜：如果要照那个一模一样的做一身呢？穿上也感觉不一样吗？

李云迪：还可以，但平时就是不想去做，比较懒一点，其实曾经也做过一次，但做了一半，再量第二次衣服的时候，我就放弃了就没做，所以说又隔了三年，现在我的那个燕尾服有六年了。

杨　澜：那也很有感情吧？

李云迪：很有感情，很有感情。所以现在换新的，但是我穿了两次不太舒服，就又换回来了。

李　艾：跟我想象的不太一样，我以为钢琴家到各个地方去演奏是一件比较轻松的事情。

杨　澜：为什么？你就觉得反正弹好了，到哪儿都一样是吗？

李　艾：因为已经很熟练了，从小练这些曲子，对吧！然后应该很多人服侍着，到各个地方都好吃好喝招待着，临上场之前再喝点酒，上去弹一下下来，应该是很惬意的状态。

李云迪：我也很希望。

杨　澜：所以李艾说的话不对，那种压力是来自于什么地方呢？

李云迪：因为临上场，你还是会惦记着，你准备得怎么样。然后调整你的状态，调整你的精力，而且演奏只有一次的机会，它是不能改变的，因为这个都是真实坐在那上面演奏的。

杨　澜：这个也是现场音乐会的魅力，就是此时此刻，你听到的这个声音。

李云迪：而且你要表达的感情，你得酝酿，而不能说正在弹的那一瞬间。比如说该弹得很激情，或者需要一种什么感觉的时候，你可能不能瞬间地去调动这个情绪。

杨　澜：那万一那天身体不舒服呢？那你怎么办？

李云迪：那也需要克服。

杨　澜：你那个时候用什么办法克服呢？

李云迪：没有办法就是必须坚持这个状态。

李　艾：所以中午饭之后的很长一段时间，你就不再跟任何人打交道了？电话都关了吧？

李云迪：基本上要关机的。

李　艾：有没有一些特别有名的人，其实也是你的粉丝？

李云迪：好多年前周星驰，星爷。现在是很久没有看，以前他的很多电影我都看，确实很好笑，也非常放松的。

李　艾：所以周星驰也算是你很喜欢的一个明星吧？

李云迪：是的，非常喜欢。

李　艾：你在飞机上碰到过他吗？

李云迪：对，他坐我对面，戴一个帽子，看起来有点面熟，他也看我好像有点面熟。下飞机的时候，大家聊了一下，然后一起合影。

杨　澜：你会那么喜欢周星驰，是不是因为小时候的生活，实在太枯燥了，真的成天练琴，然后就喜欢这种无厘头的，来发泄一下？

李云迪：也可能有一点吧，但也不能说枯燥。钢琴是我自己的选择，但是累肯定是有的，娱乐或者休息的时间可能会很少，那看电视肯定是最直接的，包括以前我喜欢看动画片，看《圣斗士星矢》。

杨　澜：真的？关键是你多大的时候，还看这些动画片？

李云迪：初中以前吧。

杨　澜：那有什么，那很正常，我怎么都得看到大学吧。

李云迪：还有什么《机器猫》我也看，反正都是6点半那个时候看的。

李　艾：都是初中以前的事了，那你初中以后的娱乐生活是什么呢？

李云迪：没有了，就很少了。

李　艾：我们现在这里对你有一个小小的测验，想看看你对现在的这些流行时尚能知道多少？

赵守镇：他好紧张啊。

李云迪：很紧张。

李　艾：有一个词是你应该很熟悉的，但是它现在的解释，跟那会儿不太一样了，“圣斗士”，你知道现在的解释是什么吗？

杨　澜：就是“圣斗士”是什么意思？

李云迪：不知道。

李　艾：你可以猜一下。

李云迪：剩下的斗士？就是音译的中文的这个角度。

李　艾：对，它通常是形容男的还是女的？

李云迪：男的女的？男的吧。

李　艾：为什么是男的呢？

李云迪：不清楚。

杨　澜：不及格，咱们得找一个粉丝来告诉他。

观　众：就是年龄比较大的剩女，剩下来的“剩斗士”。

杨　澜：为什么是斗士呢？

观　众：因为年龄比较大了吧，家人可能会要求她尽快地结婚，或者相亲之类的，所以就是算斗士。

李　艾：就是还在奋斗当中啊。

李云迪：对，或者是心灵比较挣扎。

赵守镇：简单说就是李艾那种女人。

李　艾：贾君鹏，你不觉得这个名字很熟吗？

李云迪：贾君鹏？这个不知道。

杨　澜：你只认识周杰伦，不认识贾君鹏吗？

李云迪：这个真不知道。

李　艾：来，找一个人说说。

观　众：贾君鹏其实是一个杜撰出来的人物，当时魔兽游戏玩得很火的时候，好像是它的经营商进行交接，就是这段时间，魔兽游戏不能玩儿了，所以广大的魔兽玩家，就是空闲没有事情干。然后有一个玩家就想说这句话，贾君鹏，你妈喊你回家吃饭。一瞬间就唤起了那些，寂寞中魔兽玩家的各种情感，对人间温情的回忆，包括感觉自己对母爱父爱，反正种种融合在一起，这句话就变得非常有名了。

杨　澜：你解释得真好。明白了，就是贾君鹏，你妈喊你回家吃饭。你有这样的时候吗？

李云迪：小的时候。

难报父母恩

杨　澜：像你现在成天这么忙，到处去演出啊，什么时候会接到妈妈的电话？你妈不理你了。

李云迪：我给她打吧。

杨　澜：她最喜欢跟你说什么？主要是弹钢琴的事吧？

李　艾：她不跟你聊聊吃的吗？

李云迪：少一点，她关心我的演奏，有没有好好练琴，还会关注有没有弹好。

杨　澜：但是你觉得她是不是还把你当小孩这样？

李云迪：可能吧，可能在家人眼里都是小孩吧。

杨　澜：但要是妈妈这么问你，是不是还是挺紧张的？

李云迪：有的时候也会比较抵触吧，很正常。

李　艾：你妈妈算专业人士吧？

李云迪：算比较专业的。

李　艾：麻烦大了，糊弄不了。

李云迪：对，糊弄不了。

李　艾：你抵触会怎么样呢？会说“你别管我，我现在那么大人了”这些吗？

李云迪：还好吧，就是没有反应，不做声，沉默。

杨　澜：我明白了，我前一阵跟我儿子说，要好好学习啊，要看什么什么书，他也是这样的反应，我要回去反省一下，我是不是太唠叨了。

李　艾：经济男，经济适用房知道吗？

李云迪：听说过。

李　艾：经济适用男。

李云迪：想不到，真的想不到。

李　艾：你觉得你是哪一种男人呢?

李云迪：没有去考虑过。

李　艾：现在考虑一下嘛。

赵守镇：你是喜欢什么样的女人?

李云迪：我觉得只要是美的就好了。

杨　澜：美的，美的他都喜欢。

李云迪：美不是指的外形的美，我觉得首先是善良。

杨　澜:我特别想问他，一般弹钢琴的男人，我们都觉得很浪漫嘛，对于你来说浪漫是什么?

李云迪：我觉得真实是一种浪漫。

李　艾：柴米油盐那怎么浪漫?

李云迪：当然气氛跟情调，还有这个环境，是一种浪漫。但是在我的眼里真实也是一种浪漫。

杨　澜：但是我觉得浪漫一定是有想象的，对吗?

赵守镇：对你来说浪漫是什么?

杨　澜：对我来说我觉得浪漫一定是有想象的空间。就像刚才看到那个《海上钢琴师》,他看到这个少女,其实这个少女根本没有在看他，少女其实是自己对着那个反光，自己拾掇拾掇，稍微整整妆容，所以根本就不是在看他。

李　艾：但是这个浪漫没有人能感受到啊?

杨　澜：没有，然后你隔多少年，再听到这个乐曲，你还能够重温钢琴家的这种心情。

李云迪：触景生情。

李　艾：那想必过了很多年以后，我想起刚才李云迪为我弹的那首曲子时，也是感触颇深啊。

杨　澜：我就觉得很浪漫，但是我觉得李云迪给李艾造成了一个困难，真的。因为将来再有一个男朋友，要来赞美你的话，你恐怕就会觉得，他赞美得不到位。

李　艾：其实没关系，如果我喜欢他，他只要吹口哨。我就觉得他是浪漫的。

赵守镇：那是流氓。上学的时候好多女孩都说，你太无聊了，特闷，有没有女孩子说过？

杨　澜：因为天天练琴嘛。

李云迪：还好吧，不弹琴的时候，还是挺喜欢交流的，沟通交流没有问题啊。

杨　澜：除了钢琴之外，你生活当中还有哪些乐趣？

李云迪：乐趣也很多，我自己喜欢红酒，喜欢收藏红酒，喜欢喝茶，喜欢摄影。

杨　澜：你喜欢摄影？那你下一步会做什么呢？

李云迪：听说现在有四千万的琴童，能够作为他们的榜样，让他们感受到音乐和文化的魅力，并且推动钢琴的一个发展，我觉得这是我自己的一种责任吧。

杨　澜：有的爸爸可能就会说，我怎么能够确认我的孩子，学音乐是有天赋的呢？

李云迪：还是请专业的老师看一看。

杨　澜：这能看出来吗？

李云迪：是，当初我爸爸妈妈也是要带我去，给专业的老师弹琴。因为他是专业的，他肯定听得多也见得多。

杨　澜：就像中医要会诊一样是吧？

李云迪：那肯定还是能看出孩子对音乐的这种才能和天分的。

杨　澜：那个时候老师对你的评价是什么呢？

李云迪：觉得很有才能，但是基本功当时还比较少，所以觉得是一定要去学的。

李　艾：就是不学就浪费了。

杨　澜：所以当时父母也做出很多的牺牲对吧？我记得当时要从重庆到深圳去学习，所以母亲把工作也辞了，陪你去了。

李云迪：对，照顾我的生活。

杨　澜：我们现场的观众有什么想跟云迪说的，都可以发表一下自己的意见。

观　众：李老师，您能把自己跟郎朗比较一下，就是能不能说一下各自的特点？这个问题其实已经问过一千遍了，可能特别不招人待见。

李云迪：我觉得我们首先都是中国人，我们都希望为祖国争光，希望把最好的音乐，这个时代的音乐，传递给全世界的所有热爱古典音乐、热爱钢琴的人们，我们都是在推动钢琴的进步和古典音乐历史的前进，而且也希望对社会，对全世界做出音乐方面的贡献。我们肯定有自己的音乐上的专业上的一个追求，他的风格，我不知道他自己想朝什么方向，我现在自己的风格，我非常希望能够把肖邦演奏到最完美，这是目前我音乐上一个自己的理想和梦想。

观　众：您好，李老师，我想问一下，您现在弹的肖邦音乐，是更靠近肖邦一点，还是更靠近您自身一点？

李云迪：我觉得是中国的肖邦。

观　众：中国的肖邦，谢谢，我能再问一个比较私人的问题吗？我想问一下，2000年您参加比赛，为什么右手无名指上戴着戒指，您知道吗？那会儿我们学院都疯了，每个女生或者男生手上，都会戴一个戒指，都为了效仿您。

杨　澜：真的？都戴在无名指上？然后人家一进你们学院就觉得都是结婚的了吗？

李云迪：不知道，没有没有，戴在中指上。

杨　澜：中指上是吗？

李云迪：当时是幸运戒指，因为当时我有一种意念上的依赖，就像后来我比较喜欢那些保健品一样。

李　艾：那是吉祥物？

杨　澜：当时那个戒指是谁给你的呢？

李云迪：我在美国参加一个比赛，一个房东的老太太送给我的。我当时看了那个钢琴家，叫齐默尔曼，老看他手指上戴的，当时我不知道那个是婚戒，所以我就说，那个戴着感觉挺好的。后来那个房东老太太问我喜欢什么，我说喜欢戒指，她就买了一个戒指给我。

李亚鹏

风雪中的柔情与坚持——李亚鹏

他是第一代的青春偶像代表，第一代的内地金庸武侠电视剧演员，他也是天后王菲的丈夫，是两个女孩的父亲。

编导手记

他是第一代的青春偶像代表，第一代的内地金庸武侠电视剧演员。

他也是天后王菲的丈夫，是两个女孩的父亲。

他创立了嫣然天使基金，从演员成长为慈善大使。

他会在飞机上亲自散发基金会宣传资料，他还曾亲赴西藏和新疆进行救助。

收获感动和真情时他微笑淡定从不张扬，

面对路途艰险和高原反应他都不曾退却，

却为什么在惊险退去、回忆往事时潸然落泪？

让我们一同走近李亚鹏，看一个铁骨男人的“侠骨柔情”。

邓鹏

感谢上帝保佑

杨　澜：欢迎现场所有的观众朋友，谢谢你们！熟悉我们节目的观众都知道，《天下女人》呢，顾名思义，当然我们三位主持人都是女的，然后现场的观众好像也是女士居多，我们这儿的来宾百分之六七十也都是女性。所以，当今天这位嘉宾接到我的电话，邀请他来上节目的时候，他说，《天下女人》？可我是男的呀！我说，但是你正在做的事是我们天下女人都特别特别关注的。我们掌声有请今天的嘉宾——李亚鹏。

李　艾：我知道亚鹏在2009年带了一个医疗队进到西藏和新疆，为一些具有唇腭裂病状的人们进行了一些治疗。我旁边有个地图，能不能先帮我们标注一下你们第一站去的地方？

杨　澜：第一站从哪里出发的？

李亚鹏：第一站从北京。

李　艾：从北京到哪里呢？

李亚鹏：北京到拉萨，就拉萨。

杨　澜：好，我们先标下第一站。

李亚鹏：我们第一站到了拉萨。坐飞机飞到拉萨，然后从拉萨开始开车。

杨　澜：一千多公里得开多少天啊？

李亚鹏：我们用了两天，将近三天的时间。

李　艾：那很快了。

杨　澜：那把日程压缩了，对于旅行的人来说意味着什么呢？

李亚鹏：尤其这种高原地区，旅程压缩了意味着你的高原反应会更加严重。

李　艾：那你们最大的反应是什么呢？碰到的困难是什么呢？

李亚鹏：每个人不一样吧，我们有呕吐的，不停地呕吐；有因为高原反应头疼的。

杨　澜：我看这儿有一张你的照片，在吸氧吗？在车里边就蔫了是吧。还能思考吗？

李亚鹏：我撞玻璃。

杨　澜：你在撞玻璃？

李亚鹏：撞那个车窗户。

杨　澜：为什么呢？

李亚鹏：头痛，真的是头痛。

李守镇：难道你是这么一直坚持吗？还是心里有点后悔过，我干嘛来这边，给自己找罪受。

李亚鹏：第一天落脚的时候，晚上我们的氧气瓶就全部都用光了，然后他们又临时再去充氧。我也躺在床上不行了，我跟我那助理住一个房间，我们俩一个晚上，只有一个氧气瓶，就抱着头在那儿捏，我戴一会儿吸一会儿，然后就给他。

杨　澜：有点像上甘岭那感觉。

李亚鹏：所以早晨他就来问我，他说，要不然算了，我每个房间都去看了。你们北京来的都不行，要不然我们回去吧。其实那个时候我觉得不可以说回去吧，回去这个事……

李　艾：就好像失败了啊，没成功。

李亚鹏：不是好像，那就是失败了！

李　艾：那我们先把阿里标上吧，因为你们下一站就是阿里。

李亚鹏：大概从这儿出发，我们一共是三天，一直沿着边境线。其中有 800 公里是土路，而且是在修路的那种土路，所以行程是非常艰难了。

杨　澜：到了阿里的时候看到当地已经集合了几十位唇腭裂患者的时候，那种感受是什么样的？

李亚鹏：我们在之前收到过病人名单的。其中有一位 64 岁的老太太，我印象很深。到那儿以后一看，那老太太不在，我就特意去问她为什么没有来。后来他们了解了情况就说，她放弃了，她不来参加这个治疗了。因为没有亲人陪她，而且她们家离阿里600公里，她到这儿来就是不太可能的事情。当时那个阿里的廖专员，我们都在现场一块办公、开会。我就跟他商量说，能不能想办法通知一下乡里边找个人，找辆车把她接来。后来廖专员听陪同人员说，因为她年纪太大了，觉得没必要了，算了，就不做这个手术了。当时廖专员就说，就是去见上帝，我们也要漂漂亮亮的去嘛，要不然不显得我们人间太不温暖了。

杨　澜：说得真好啊。我听说还有的父亲其实对于手术的结果不是特别的有信心？

李亚鹏：对，有，他是一个特别帅的藏族父亲。

李　艾：现在图片上能看到，就这个吧？

李亚鹏：对，他是满头卷发的。这个图片可能不是正面的，他眼睛特别大，高鼻梁，很帅的一个藏族父亲。他的女儿也是特别漂亮，大眼睛，戴了一个口罩，把嘴巴遮住了。他们来治病的小孩，每人戴一个口罩。但是那个口罩跟我们买的那种白口罩不一样，都是他们的家人给他们缝制的，每一个口罩上面还有小花啊，绣的什么东西的。他就非常紧张地在那儿坐着，后来我就拿手机上我女儿的照片给他看，安慰他。他女儿唇腭裂的情况跟我女儿是非常相似的。我就叫他放心，做完手术会跟我的女儿一样的。他看了这个照片，就很放心地让女儿去做这个手术了。因为有时候，都是有女儿的父亲，一个眼神，我就知道他需要什么。

杨　澜：在那个地方有手机信号吗？能给家里打个电话吗？说我们走到哪儿了？我想家里人可能也挺担心的。

李亚鹏：对对对，在沿途其实只有落脚的地方会有信号，每一站之间，就是我们每次吃饭的地方之间，几百公里大部分都是没有信号的。

杨　澜：要有信号第一个时间要打电话给家里对不对？老婆孩子要打个电话。

李亚鹏：就是发短信。

杨　澜：发短信？

李亚鹏：都没劲儿说话了，不想说话，发个短信就意思一下，通知一下就可以了。

杨　澜：她们会给你发回来什么样的短信呢？

李亚鹏：就是问候吧，说不行了就下来吧，别硬撑着了，别逞强。

杨　澜：其实在高原地方，逞强是非常危险的。

李　艾：最主要的其实是心里够平静，那阿里过后呢？你们接着就去哪里了？

杨　澜：我们接着在地图上标识一下是去了哪个地方。

李亚鹏：阿里过后呢，解释一下。我们原来的计划是要从阿里返回拉萨再回北京的，但是我们要返回的那一天突然下大雪了，大雪封山，我们没有办法回到拉萨。另外一条回京的路，就是从阿里直接去新疆的喀什，然后再回北京，所以我们就到了喀什。

杨　澜：我的天啊，这中间真是差得有点远，结果从阿里到喀什你们用了多长时间？

李亚鹏：一天半，不，实际上按日期的话是不到两天。我们从阿里到喀什的路上，三十多个小时，几乎就没停过。然后，在还有三座山就可以往平原开的时候，下大雪了。

杨　澜：天啊，那你们怎么办？

李亚鹏：如果我们停在那儿住宿的话，第二天大雪一封山根本不可能走，不仅手术做不了，北京也回不了。后来我们就说好，先试着往前先开一座山，翻过去之后，有一个可以住宿的地方，到了那儿再开个会决定下一步怎么办。后来大家也没停，就继续往前开了。然后我在车上就很难受了。

李　艾：不舒服？

李亚鹏：不舒服。我醒来一看又在上山了，说是已经翻过第二座山了。才想起来不是说要开个会的嘛，但是这个时候已经联系不上了，因为山上没有信号，就只能继续往前开吧。我们到山顶的时候，还遇见一个状况。那时候积雪已经有五公分厚了，有两辆十轮卡车，跟我们迎面开来。它因为运货太重了，在盘山道上打滑，不能开了，就停在路边用石头把车轮子垫住。我们车队前面几辆车过去了，就剩了我们还有两辆车在那儿堵着，其中一辆就是我的。那晚上很冷，而且是山顶，海拔非常高，没有电话，也无法求救。雪下得挺大，这种天气方向也看不清楚。如果我们油也不够的话，就有点危险了，会冻在那上头，可能还会冻死人。后来，扛了四十分钟吧，实在不能这样下去了，我们油也确实不多了。还好那个卡车，他们油比较多，后来就跟他们商量。因为我们穿着那个嫣然基金会的队服，这儿又有红十字的标志，所以他们还是就借给我们了。

杨　澜：你这一路手语已经发展得很好了？

李亚鹏：说不上话，然后大家商量了半天，说太危险。因为它是上坡的时候停住的，又开不上来，只能是让它往后倒，倒着这样侧开一点。可是那个雪太厚了，十轮的卡车，如果一下倒下去，它也很危险。后来我们所有人下车，每人抱一块石头，就在每个轮子后面站着，然后前面一个人拿着手电筒，都约好了说这个信号，一看信号不对劲，就赶紧往下面扔石头。

杨　澜：你也抱着石头在那儿等？

李亚鹏：那必须的呀，那不够用。两辆车它那么多轮子，我们也就八个人。然后，之前有条道一米多，车过不去，真的是用了四十分钟时间，我就觉得轮胎是在半厘米，半厘米地转动，最后给我们挪成了一条两米宽的路。我们就可以往前走了，下了山以后，我们前面的车发现不对了，开始在那儿等。因为是盘山道，所以他们也不敢往山上开，很容易掉下去。所以当我们会合的时候，有点像红军会师的感觉，大家欢呼啊，下着大雪都冲下来在那儿拥抱。然后继续开，反正就是这样到了喀什吧。

杨　澜：你知道吗？上天保佑，真的是。

她就像我的女儿一样

赵守镇：那这么长时间都离开家，有没有觉得特别难受？想念家里人，特别现在你的女儿是最可爱的时候，离开这么长时间，她能理解爸爸去干嘛了吗？

李亚鹏：她肯定不理解。但是我回来的时候，在阿里的那些小朋友一块画了一幅画，后来那个跟我们一块去的艺术家，就打了一份出来，让我拿回家，送给我女儿，我觉得很好，就拿回家了。

杨　澜：我们把这幅画拿上来好不好？

赵守镇：好大哦，好大。

李亚鹏：他们每个人都画了的。这是我们在阿里的时候，那四十多个患者吧，有小孩有大人。我们为了缓解他们的压力和紧张情绪。就带了个艺术家，教他们在医院做完手术后的一个星期画的。

杨　澜：还扎着绷带呢？

李亚鹏：(指着画上的内容）我的名字叫其美，做手术了我不疼……然后这个也很可爱，说我们要坐漂亮的车回家了，这是他画的一个车。他写的这是我，然后一个她一个他，又一个她。他们四个人坐一辆车来的，因为很多小孩没有坐过汽车，他没有来过狮泉河嘛。画完之后他说，忘画了一个，还有一个是司机师傅呢，后来他这儿又画了个方块，说这是司机。

杨　澜：当你把饱含了很多人情感的这样一幅作品拿回来，给自己的小女儿看的时候，她怎么说？

李亚鹏：她看不太懂，但是她问这是哪个小朋友画的？我说，是爸爸去帮助一些小朋友，是那些小朋友画的，然后我就问她，你长大了愿不愿意跟爸爸一起去帮助他们呀，她说愿意。

杨　澜：爸爸安排的任务，女儿总是愿意去完成的，真好。其实这收获的绝不仅仅是这样一幅画，那么多人的心意，那么多被改善了的生活和生命的品质，我觉得真的非常为你感到骄傲，再一次把掌声送给你。

赵守镇：我觉得看你的表面，是从来不会哭的人。但是我刚才看见有一张照片，经常哭，就像老大妈一样。

李亚鹏：好，我可以解释一下。说实话，做这个工作接触到这样的事情比较多，这些事情都很真实，真实的事情是最能打动人的。刚才我有一点，鼻子酸了一下。刚才有一张照片，一个小孩，婴儿，嘴上放着我们的一个卡片。因为我们想挡住她的嘴唇，拍张照，就放了一个我们嫣然的卡片。下一张照片，是她的小手拉着我的手，看到那张照片嘛，我想讲一下这个小女孩的故事：她是在阿里，来了以后呢，因为严重的营养不良，十个月大了，你看她那个手瘦的。她非常白，可是非常非常瘦，瘦弱到我们做了体检以后没法做手术。因为手术是要麻醉的，但是她的体能抵抗不了手术带来的伤害。她的母亲也是一样瘦弱，抱着孩子坐在门口。我后来发现她们母女，就过去跟这个小孩打招呼，她紧紧抓着我的手，二十分钟吧，就是不松开。

杨　澜：按理说你是个陌生人吧?

李亚鹏：陌生人，别人的手想来取代我的手指头，她不要，就是紧紧地抓住我的那个手指头。那个女孩很白，眼睛很大，很像我女儿。当时是真感觉就像我女儿一样。后来我就安排，我们再多拿一点钱，给她去做手术。你看她那个手真的是，一点点。小孩的手都是很胖的，她全是骨节，她胖的地方是骨头。所以安排好了以后，我说让她先去医院补一下营养。去医院休养一下，她母亲是在阿里打工的，是一个藏族同胞。我大概是回来以后的三天，得到一个消息，说她的母亲突然抱着这个孩子，从医院走了。然后没有留下任何的讯息，我当时已经很想收养这个小孩了，对她就是，你说不清。

杨　澜：有这种心灵感应。

李亚鹏：对，一种感应，我知道她要我。然后我说尽量去找吧，不惜一切代价，这个小孩我要收养她。我助养她，不能说收养，因为她父母都是打工的，都在。我想帮助这个孩子，就是我个人想帮助她。后来找到了，我就特别高兴，跟红会的那人，我们俩还喝了两杯酒，庆祝了一下。结果就在一周以前，那天在进北京台现场的路上，我突然接到一个电话，说这个小孩死了。

李　艾：是因为营养不良的原因吗？天啊。

杨　澜：所以这大概是她留下的最后一张照片吧，好可怜，一个小生命就在地球上这样，这么短的时间匆匆来了一趟。

李亚鹏：所以不是经常像老大妈，因为，谁也不希望，这样的事情经常发生。

杨　澜：你大概过去从来没有见过这么多的苦难吧，亚鹏。这三年嫣然基金会的生涯是不是突然让这些过去在很多人面前似乎是隐形的事情出现了，所以你也有了一种完全不一样的生命体验。

李亚鹏：我觉得因为这个工作的关系吧，对，可能接触这样的事情比较多，然后也有一些给我留下了极其深刻的印象。对他们来说是种苦难，是一种不幸，但实际上我觉得对我们所有这些去帮助他们的人而言，这是给了我们灵魂的洗涤。可以让你更有情感地看待我们自己的生活，看待这个世界，更积极地去面对你的生活。甚至这些事情，会给我的家人和周围的朋友带来一个非常好的影响，包括我的孩子。她们知道爸爸妈妈在做这样的事情，在无形中也是给她们最好的教育，当然我不希望这样的事情太多。

没事儿，你相信你爹

杨　澜：有时候觉得这个生命其实又充满了各种机缘和启示。我记得你写过一个博客，你说过去不知道什么叫天降大任于斯人也，像我们这样的普通人有什么大任会降临在我们的身上呢？但，在你 35 岁要做父亲的时候，做好这个父亲就是你的大任。

李亚鹏：是，那是女儿出生的时候我写的，当时因为刚生出来，大家都知道你生孩子了，就是当时还没法去公布这个事情。

杨　澜：你看到这个小生命的时候，你可能原来想象过无数次，当她活生生出现在你面前的时候，带着她鲜活的生命和她的一部分残缺出现在你面前的时候，你的那种感受是什么样的？

李亚鹏：这个，有一点惊讶是真的，因为我从来没有见过。但是骨肉相连这句话是一定有道理的，除了有一丝惊讶以外没有任何的恐惧、害怕或者觉得不好看。从来都没有过这样一丝的想法，我第一次去监护室，看见我女儿的时候，她跟那个女孩特别像，她就是看着我，然后也不哭。

杨　澜：那么小的 baby 她已经睁开眼睛看着你呀？

李亚鹏：不是像我们这样睁开眼睛，就是很安静在那儿，非常安静。后来我要走，因为我不能在那儿待太长时间，不可能在监护室一直看着。我一要走她就哇地一声哭了，她可能感觉到了，就是

有感觉的。她知道你要走了，然后我就回来，我当时记得我跟她说过一句话，我说没事，你相信你爹。我当时真的说的是爹，我也不知道为什么，突然冒出这么一句词来。

杨　澜：就得说爹才够味。

李亚鹏：真的，按理说这个不是我平时自己的词汇跟语言，但是我印象特别深，我说你相信你爹，你一定会没问题的，然后我就走了。当时我也没有哭也没有什么，我不是经常哭的。

杨　澜：结果把旁边的护士医生弄哭了吧。

李亚鹏：对对对，他们一帮人给弄哭了。

杨　澜：你有你爹，其实这真是一份男人的承担啊。其实很多人都会有这样的疑问，特别是中国的一些父母，没有太强烈的这种宗教的观念的时候，会觉得如果我知道我的孩子会是残缺的，可能会终止这个妊娠。但是你却说到你和你的妻子几乎是用不到一分钟的时间就做出了这个决定，这个是不是对生命的一种看法，生命一定是完美的吗？

李亚鹏：其实我这几年吧，做这个工作，灵魂的残缺比肉体的残缺更可怕，我们这个世界上太多的人肉体是完整的，但是灵魂是残缺的，其实这样的人更可怕。我接触了很多这些身体上有一些残缺的人，但是他们的精神和灵魂是非常完美的。所以我觉得对他们来说，身体的残缺其实是更可怕的。

杨　澜：所以你们在很短的时间，夫妻俩几乎同时做的这个决定，没有谁需要说服谁？

李亚鹏：我们根本连讨论都没有讨论，没有一分钟，三句话，说了三句话，在她怀孕四个多月的时候。

杨　澜：哪三句话呢？

李亚鹏：当时从医院出来，那个医生跟我们说了这个情况，做了B超，检查到了。然后我们俩没有说话，到了家也没说话，一直到晚上睡觉也没有说话，但都知道谁也没睡着。然后我觉得还是要讨论一下这个话题的，我就问她，你怎么想啊？她说，我还能怎么想，你什么意思啊？就有点质问的，你什么意思？我说我明白了，其实我们什么都没说。

杨　澜：就这三句话。

李亚鹏：连一个实质性都没说，就是我明白，她的那个口气的意思。

杨　澜：这还需要问吗？

李亚鹏：还需要问吗，我说那我就明白了。因为这毕竟跟母亲的关系更大，我还是要非常尊重她的意见，就这么三句话。

杨　澜：你会不会无数次地对上帝说，你为什么对我这么不公平，为什么是我？

李亚鹏：我要说我一次都没有这么说过你信吗？

杨　澜：我不信，因为我觉得是人的一个自然反应。我应该没有做过什么坏事吧，为什么要这样惩罚我，或者说，你是不是把它看做一种惩罚，或者说为什么要发生在我身上，我没有做过这样的准备。

李亚鹏：因为我母亲也是医生，所以当我们遇到这个事情的时候，我私下还是去问过这个事情的。它形成的原因，其实没有任何的外界原因，无数的病例分析以后，它就是 DNA 复制过程当中出了一个小的差错。就是上帝也有打盹的时候吧，医生就是这样的原话。之前我会谴责自己，是不是因为我喝酒，是不是因为我抽烟，那后来了解一下其实跟这些没有关系，所以我们当时还是以比较科学的态度去看这个事情。但是深深的遗憾这是不用讲的，可能未必说去质问或者什么，但是那种遗憾，或者说更多的是想到孩子的命运的时候，替她伤感。其实没有太多想到自己的什么，因为我们是成年人，我觉得我们是可以来面对的。如果不能面对的话，我们就不可能三句似是而非的话就决定这个事情了。所以当我们刚知道原因的一瞬间，我觉得对我们来说这个事，其实它不是个事，更多难受是有时候会想到孩子的未来会怎么样，所以就会尽自己的全力去给她一个最好的治疗，然后尽自己的全力去做这个嫣然基金会。

杨　澜：你好像觉得这个基金会是为女儿来做的，是吗？

李亚鹏：是，当然是为女儿做的，是给她的一份祝福，其实我想的更实际，做一个基金会可以帮助很多孩子，我们现在已经帮助4300多个孩子做了手术。但是除了这个之外其实我也有一个想法，我希望通过我们这种行为改变世人对这个群体的看法，为我的女儿长大后创造一个比较好的人文环境。

杨　澜：我觉得这是一个很真实很自然，特别值得尊敬的想法。

李亚鹏：那么同时也就改变了所有人的看法。

她改变了我的人生

杨　澜：所以想想这三年觉得不可思议啊。

李　艾：你回头去想，其实在这三年当中，有没有夫妻俩因为嫣儿的事情争吵过，或者是崩溃过，或者是不开心过？

李亚鹏：不，不，从来没有。

李　艾：从来没有？

李亚鹏：从来没有。

李　艾：那有讨论过吗？

李亚鹏：讨论是经常的。

李　艾：讨论的最多的是什么方面呢？是手术治疗还是？

李亚鹏：很多，一个是治疗的问题，一个是教育的问题。治疗的话，她现在已经过了一个阶段，而她的下一个治疗期是她再长大一点以后，所以我们现在面临的就是对她的教育的问题。

杨　澜：这个就是非常个人化的困难。可能其他的家长觉得，太好了，孩子做完手术我就可以把他放心地放进幼儿园，放进学校等等。

但是对于你们来说因为这样一个所谓的明星光环，其实是一种困难，是一种很大的困境。孩子会得到你们并不想让她得到的，那种被过度地关注。所以，她是不是要去跟其他小朋友玩，她会听到什么样的话，都变成一个非常让父母产生担心的状况，你决定要怎么样来面对这样一种状况？

李亚鹏：这个问题是我们讨论最多的。而且我们已经付诸行动了，中国有句古话叫做三岁看小，五岁看老。其实对于一个儿童的教育，三到五岁是构建他心理形成的一个最佳阶段，实际上在三到五岁的时候这个孩子就已经可以建立起一个完整的自我性格。如果建立得好，将来他面对困难或者面对不公平的事情，他会有一个更坚强的心理预期。这一点上她妈妈确实做出了非常大的努力，我觉得给予孩子的爱不光是生活上的照顾，给予最多的爱是在教育上，身体力行。我们带着孩子上了一个针对她而设置的课程，会定期带她去郊外跟自然接触等等，从她降临那天开始，三年多以来从未间断。

杨　澜：因为你们并不想把她锁在家里面，对吧？她总有一天，要去面对这个非常复杂的世界，包括她要建立起来她和这个世界的一种关系。这些都是你们不能来替代的。

李亚鹏：对。

李　艾：那当时选择去美国做手术，除了技术上的原因是不是还有一点，就是希望这整个手术的过程中保护自己的女儿。

李亚鹏：当然了，当然了，北京话说护犊子嘛。

杨　澜：这都当爹了嘛。

李亚鹏：对啊，这是必须的，你肯定不希望在治疗过程中受到太多没有必要的干扰。

杨　澜：你把女儿送进手术室的时候觉得忐忑吗？

李亚鹏：我没送，我不敢进。

杨　澜：你不敢进去？

李亚鹏：对对对，我妈和我太太陪着进去的。然后我就在那个大堂，那天到大堂我就不往里走了，我一往里走，脑子就会想象手术室的那种。

杨　澜：刀啊，孩子声音啊什么的。

李亚鹏：我不敢想。当时我是在大堂的花园里面等了两三个小时，在等候的过程中，在那儿抽烟，然后我就想，那些像我们这种情况的贫困家庭怎么办？我们还算条件好的。我就决定回国我要捐一笔钱，要做这个基金会的第一个念头就从那儿开始的。

杨　澜：所以那个时候其实她的妈妈是陪她进去的。

李亚鹏：对。

杨　澜：你说是不是有的时候女人比男人坚强啊？

李亚鹏：对，我妈也进去了。

杨　澜：真的？你这大老爷们儿就在外边待着呀？

李　艾：所以，我们说男人是弱势群体，是没有错的。

杨　澜：不是，他们有时候经不起这个，他们真的是经不起。我记得我孩子很小的时候，第一次需要输液，我一看那个针，怎么好像比我想象的血管还要粗啊。然后那医生还没扎针，我就在那儿哭啊哭啊。

李　艾：真的？你先生呢？

杨　澜：我先生就躲在外面不敢进来，真的。你是不是觉得有的时候女人比男人坚强吧？

李亚鹏：对。

赵守镇：我特想知道你年轻的时候，特别顽皮的时候，你想过你会变成现在这种状态吗？像安吉丽娜·朱莉，她过去也是很反叛的，她以前真的是乱七八糟，特别闹，有了孩子之后完全不一样，你是不是以前也是那种经常欺负人，欺负女人的坏男人。

杨　澜：欺负女人？

赵守镇：以前曾经是这样吗？是不是？

李亚鹏：我们中国男人都不欺负女人。

杨　澜：你想象过自己会像现在这样吗？

李亚鹏：我的反差不是特别大，因为我的家庭啊，我父亲就是一个非常受邻居或者说单位的同事们称道的一个人，那我觉得孩子会复制自己父母的行为的，包括言行。但是我还是要承认，女儿的到来，尤其是这么一个特殊的孩子的到来，她对我人生的改变，那是非常非常大的。

弥漫着成熟的秋天——文章

相比较之下，他也许没有让男男女女冲动的容貌和体魄，他也没有突发猛进的媒体炒作，他只是一个安分的演员。如同其他科班演员一般，考上北影，大学毕业，没有戏拍，穷得叮当响，偶遇机会，配角出道……但他却让人印象深刻，深刻或许也源于他对自身的一种刻画。

编导手记

文章，他是一个让人印象深刻的演员。相比较之下，他也许没有让男男女女冲动的容貌和体魄，他也没有突发猛进的媒体炒作，他只是一个安分的演员。如同其他科班演员一般，考上北影，大学毕业，没有戏拍，穷得叮当响，偶遇机会，配角出道……但他却让人印象深刻，深刻或许也源于他对自身的一种刻画。

他是一个男孩，还是一个男人？

1984 年出生，在这个青春期无限扩大的年龄，他还是一个男孩儿，不过他已为人夫，为人父，他已然是一个男人。但是从栏目的角度来讲，我们应该如何去解构他，作为一个男孩，还是作为一个男人，似乎在徘徊间存在许多的交集。索性，他是一个成熟的 80 后。 因为佟大为的介绍，文章认识了赵宝刚和石康，因为蹲坐在角落里一个多小时后的一脸受虐相，让导演立即决定他就是向南。此时我才知道，原来向南的定位就是一个一脸受虐相的小伙子，穷得叮当响的文章终于有戏可演了。又是某日，跟导演和其他演员一起吃饭唱歌，不料喝醉了，已是女友的马伊琍，因为文章的醉酒，机缘巧合地结识《奋斗》，于是才有一段夫妻齐上阵的美事。

《天下女人》，又来了一个男人！节目中经常会是几个女人，聊一些女人的话题。这次好不容易来了男人，我们也想从男人角度探究他们眼中的女人。文章的情爱故事许多人已经知晓，但交谈之中，却发现他本身有着跨越年轮的深刻和独到。许多生活的琐事和点滴，让他感言道：女人如果没有出口，会疯掉的！

这只是他在节目中的冰山一角，而对于他，如何飘忽于男人和男孩儿之间，如何透过人世历练让自己成长，相信在四十分钟的谈话中，我们都会有自己的答案。

邓鹏

幽默的智慧

杨　澜：首先，要欢迎现场的观众朋友们，你们好！首先要抱歉，我今天的嗓子有点哑，因为最近的录像过于频密，但是我仍然怀着非常兴奋和激动的心情，在期待着我们今天的这位嘉宾，有请文章。

李　艾：这么多角色里头，哪个跟现实生活中的你最像？

赵守镇：驴。

杨　澜：不，我们必须要纠正一下，亲爱的韩国朋友，驴在中国的语言里是不可以拿来形容一个人的。

赵守镇：是吗？

文　章：不，也可以。我挺轴的，挺犟的。其实生活中，我倒没有说什么角色跟我很像，但是每个角色里都有我文章的影子。比如说，我是一个好男人。就是拍任何戏我是一个好男人，任何的情感戏都是本色出演。《与青春有关的日子》就是那时候还上大学，比较年轻气盛，因为我觉得我每个阶段，都拍到了特别合适的戏。年轻气盛的时候，拍了《与青春有关的日子》，在临近大学毕业要择业的时候，赵宝刚导演找我去拍了《奋斗》，然后就是我跟家属谈恋爱的时候。

杨　澜：一般是先恋爱，然后再成为家属的。

文　章：跟家属谈恋爱的时候，拍了《走着瞧》，然后也是有那种恋爱的一些戏。然后结婚了以后，拍了《蜗居》。

杨　澜：就是，特撮火的那意思。

文　章：当了爹就拍了《海洋天堂》。就是从一个父亲的角度，能够透视一个戏背后的故事。比如说，我不仅是一个儿子，我还有父亲的那种角色，生活中父亲的角色，能看到很多故事背后的东西。《奋斗》的时候，我是大学毕业，大学毕业前，在做毕业论文，准备答辩。突然间大先生，佟大为打了一个电话。

杨　澜：他叫大先生？

文　章：对，我们都叫他大先生。

李　艾：Mr.Big。

文　章：然后他打电话说，小文，那个我这边有一个戏，想推荐你去。我说好啊，好啊，好啊。反正正愁着没钱花了，对，穷得底瓢了。迫不及待就去了。去了之后，我进那屋有三个人，赵宝刚导演，石康老师，还有他们的一个女演员一起在聊天。然后我就进去，进去之后，他说你先坐吧，他们就聊他们的。聊聊聊，但是你知道，宝刚导演和石康老师，两个人那个话啊，就没掉过地上，我觉得特别逗。

杨　澜：就一直在说相声是吗？

文　章：对，我就觉得特别逗。然后坐着坐着我就坐到地上了，就大概听他们聊了一个多小时。

杨　澜：他们就没理你？

文　章：没理我，我坐在地上听，特别好玩，突然间石康老师回过头。

杨　澜：问你是谁？

文　章：不是。就看着我说，就你这表情，我就喜欢这表情。一副苦瓜脸，一副受虐的相，我就喜欢你这个，你就是向南。

李　艾：那个时候还没有夏琳？

文　章：没有夏琳，我们所有人都定完了。当天导演就说，既然都定完了，夏琳，我们再想想怎么找吧。然后就带我们这些演员，我，大先生，那个小雨——朱雨辰，然后李小璐，春晓，周晓鸥，这帮人坐一块儿吃饭。结果吃完饭呢，大家说去唱会儿歌吧，就去唱歌，结果我酒量不是很好，喝大了。喝大了之后就躺在那儿睡，这个时候，太太电话来了，说要接我。

李　艾：那时候还不是太太吧？

文　章：对，那个时候是女朋友。

杨　澜：但是心里已经把她当成了太太。

文　章：对，那个时候是女朋友，然后就说要来接我，我说，当时我就不知道说什么，我就给佟大为了。佟大为拿着电话说，没关系，他喝多了，在那儿睡着呢。他说你来接他，我把他送下去。太太就到了唱歌的地方又打电话。佟大为说那你上来吧，我正说事呢，太太问谁在。他说宝刚导演在，什么都在，你们也认识，大家都认识，你上来吧。太太就上来了，结果上来的时候，突然间赵宝刚导演一抬头，你就是我的夏琳。

杨　澜：所以这件事在你和你家属之间，就成为一个很重要的谈资？

文　章：我觉得是这样的，这是针对我个人的一个谈资。因为我在想，如果我不喝这顿酒，我不喝大了，我不睡在那儿，这个戏你还能演吗？你还能见得到赵宝刚导演吗？

杨　澜：所以这个玩意儿靠你。后来这驴跟你好到什么程度呢？

文　章：走的时候我特想把它带回来。

杨　澜：你打算让它进王府井，还是西单大街。

文　章：不是，我本来是有一朋友，有一马场，我想给它，我想给它牵那儿去。

杨　澜：对对对，骡子都这么产生的。

文　章：《走着瞧》，其实我发现了，自己挺幽默的。

杨　澜：真的，就因为你要是不幽默，怎么过啊这日子？是吧，天天看星星。

文　章：我突然发现我自己挺幽默，要比《奋斗》那种幽默更高质量。

杨　澜：那种是耍贫嘴，那时候有点。

文　章：这个就叫幽默了，又发现了一个自己的优点。

李　艾：那你要说说这区别，对对对，贫嘴跟幽默的区别是什么？

文　章：一个是咱们俩聊着聊着，然后你就特开心；另一个是让你特回味，你想，挺好。

杨　澜：是这样的，就是说要有智慧含量的。

李　艾：耍贫嘴?

文　章：一个是小聪明，一个是智慧。

杨　澜：对，就是幽默了。所以他夸自己幽默的同时就等于说，我们也承认他很有智慧。

文　章：这是你说的，我不知道。

杨　澜：因为我怕你憋得太难受，还是帮你说出来吧。

文　章：拍完《蜗居》以后，跟很多人聊天，很多的女性朋友都喜欢宋思明。完了以后，说到小贝。我就问，那你喜欢小贝吗？小贝?还是太幼稚。然后呢，我也就不说了。以后很多的，让我出奇的是一些男性观众，男性观众也分一部分，有一小部分说，哥们儿，你太惨了，我真的是同情你。

感动和坚持的力量

文　章：其实拍《海洋天堂》之前，我没有任何的优势。在看到这个剧本之后，我就很感动，然后我就想做这件事情，想演。但是公司的人告诉我说，这件事情不是你文章想做就能做的。因为这件事情要是别人确定你，人家选了你，你才可以。我说好吧，那就去见导演。然后见导演我才知道，全中国16岁到22岁这个阶段的男演员，他都见了。我一开始真的不知道，这个幕后团队是这么的强大，李连杰先生、久石让先生、杜可风、奚仲文、张叔平、周杰伦。就根本不知道是这么一个团队，我就以为是一个很小成本的一个电影嘛。然后就要经历海选。

赵守镇：真的?

文　章：对啊，我当时要经历海选，这个海选其实对我来说是有一点心理障碍。

杨　澜：对吧，因为有一种就觉得咱好歹是个腕了。

文　章：自尊心的那种，就是，其实挺纠结的。

李　艾：这个海选现场，是不是导演、制片人坐一排，然后你得走过来说，各位评委老师好？

文　章：对，这是其中一个，试戏环节。对，就是因为我是通过海选。我当时海选里头，我是在大名单里，李连杰先生看到我的资料之后，就把我扔到一边了，说不能用他。

李　艾：为什么？

文　章：我有三个特别不利的条件：我年龄偏大，然后结婚生孩子了；我不会游泳，因为戏里要求这个大福，要在水里像鱼一样；然后我身上还有文身，因为游泳就只能穿短裤，你有文身就不可以，所以说我三个不利的条件。比如说大家有个基准分有个五分吧，起评分。那当时我的起评分，大概是负十分，对，属于这样的。但是导演一味地坚持，其实是我能拍这个戏的一个前提条件，所以我就不停地要打碎自己。因为我看到自闭症的孩子，我跟他们相处了 180 天。

杨　澜：说说那 180 天，跟这些自闭症的孩子们在一起的时候，你观察到的是什么？

文　章：我给你讲个故事，这个故事其实特别让我心酸。就是我这个角色叫大福，大福生活中的原型叫杨涛，是北京星星雨自闭症教育机构创始人田慧萍的儿子，比我小一岁。有一年夏天，他跟他妈妈田校长，一起从学校回到家，他们家住在通州，要坐很长时间的公交车，很热。自闭症是有自己的心理底线的，安全底线，正常人跟我在一起，就不能距离太近，要不会很害怕。突然间那天公交车又挤又热，他就很暴躁，就打了旁边一个小孩一拳。那旁边这个小孩的姥姥就不干了，给家里打电话，说在公交车上有人打我们家孩子。结果到了终点站，孩子的爸爸带了一帮人拿着棍棒就来了，一下车就问谁打我孩子，那个孩子的姥姥就指杨涛，就指这个自闭症的孩子。二话不说，上来就打杨涛。

杨　澜：当时没有人陪伴吗？不能解释吗？

文　章：田慧萍就在旁边说，说我孩子是自闭症。没人知道自闭症，最后母亲声嘶力竭地说了最不愿意说的话，我儿子脑子有病，你们别打他了，我儿子脑子有病。就是我觉得说，因为我们大家对自闭症是不了解的。

杨　澜：让一个妈妈说出那样的话。

文　章：一个妈妈说自己的孩子，我儿子脑子有病，就是你知道那么多人在打杨涛。所以我觉得我能做的就是通过我个人，把自闭症展现出来，希望大家能了解这个群体，消除歧视、误解，能够实现平等。其实我的梦想是说，有一天在中国，自闭症就像智障、聋哑、失明一样，所有这些的残疾，能够建立一个同等的概念。

杨　澜：这需要我们去理解、爱护和包容这些人。

文　章：这次去香港做《海洋天堂》的宣传，有一个自闭症的父亲，带着自己自闭症的孩子，来跟我见面，交流他们看完电影的一种心得。我跟这孩子，因为我对自闭症有一些了解吧，我跟他没有太多交流，但是我就跟他在玩儿。他说什么好玩儿，玩儿了大概五分钟以后，三岁，抱着我。他爸爸和他姑姑身边的人都傻了，说在这个世界上，从他生下来到今天，只让爸爸抱，任何人都没有抱过。是姑姑发现这孩子有自闭症，姑姑都没有让抱过。

杨　澜：他们对这种距离感非常敏感。

文　章：对，就搂着我，紧紧地搂着我，然后在我耳边轻轻地喊，妈咪。听完了你们是笑，对不对？听完了，你们大家都是笑，但我当时我其实真的很可怜这孩子。

女儿，就这样来到我身边

杨　澜：我们在说到80后的时候，就觉得这一批人，他可能在身体上已经发育了，但是在心理上还是像大男孩。还觉得很难，要承担一个父亲的责任。这是一个很大的责任，我不知道你在接受这个的时候，有没有一点点的恐惧？

文　章：有，有。就像我身边的很多朋友说马伊琍太辛苦了，要管一个女儿，还得管一个儿子。

杨　澜：谢谢你把我们想说的话说出来了。能说说，你第一次听到这个消息的时候是怎么样的？

文　章：我记得是 2008 年 2 月份，我跟太太领完证不久，突然间我接到一个她信息说你方便吗？我想跟你说点事。我说好啊，我打过去了。我说怎么了。她说，有这么一件事。

杨　澜：她很平静地说吗？

文　章：对，但是我那边，我能感觉到自己的嘴已经咧到这儿了。

杨　澜：真的啊？

文　章：是开心的，因为合法了嘛。你这个合法了之后，结婚生孩子这是很正常的，顺理成章的事情嘛。

杨　澜：当然自己有孩子了是一件很开心的事。但有没有想到我真的做好准备了？

文　章：怀孕的过程是我建立心理准备的开始。比如看她肚子渐渐隆起，渐渐的几个月，几个月，越来越大的时候，我会跟女儿聊天嘛，要跟她说话，隔着妈妈肚皮要说。

杨　澜：你知道这种说叫什么吗？

文　章：我不知道。

杨　澜：这叫自作多情。

李　艾：真的？

杨　澜：是的，基本上自作多情。但是需要的，对于他自己的心理建设是非常重要的。

文　章：对，然后跟她聊，聊啊聊啊。

守　镇：都聊什么呀？跟那个驴聊不一样吧？

文　章：有异曲同工之妙。

杨　澜：就是对方都没什么回应。你一个经典的这种聊，内容是怎么样的?

文　章：最经典，每天都会有一遍的就是说，宝贝，记住我的声音，我是你的爸爸。

杨　澜：特别棒，特别棒。但是真的当那个孩子出现在你面前，当助产师把她抱到你面前的时候呢?

文　章：对不起，我没经历这一刻。

李　艾：为什么?

文　章：我女儿降生的时候我在出差。

杨　澜：你怎么可以出差呢?

文　章：我女儿是 9 月 20 日出生的，但是她的预产期是 10 月 8 日。

李　艾：正常。

文　章：对，正常。但是太太选择说要剖腹产，那我们就选了一个日子，就是 9 月 29 日。我 9 月 19 日要出差，临时的一个活动要出差，但我 9 月 20 日就回来。太太还是早上把我从家里一直送到浦东机场，然后我在浦东机场上了飞机，去了沈阳。头一天晚上还是那种，突然间觉得可以睡一个踏实觉了，不用晚上紧张地说，突然间坐起来看我太太有没有什么问题。我说我一个人睡,那我就放松睡吧。睡睡睡，结果就是放松不了，老是会醒。

杨　澜：预感吗?

文　章：就老会醒。然后因为，我的手机呢，这个牌子的手机是，要是振动，你插上充电器，它是没有任何反应的，就在我的床头。但是，我就一会儿醒了看，一会儿醒了看。突然间迷迷糊糊睡着的时候，大概早上 7 点多，8 点的时候，我就觉得不对。然后我一起就看电话在亮。然后我一接电话，我一看是她，她跟我说，喂，我在医院。我说你跑医院干嘛？要生了？我说你别逗了，我还睡觉呢。她说谁跟你逗了，你听。就旁边有医生那个胎心监护。我说你真在医院？她说对啊，我骗你干嘛，我马上要生了。我说你先挂，我想想。

李　艾：天呐，要想什么呀你？真的。

杨　澜：马上下一班飞机回去啊？

文　章：那得让我想想。

杨　澜：你想什么呀？

文　章：没有，就是我说让我想想。我就挂了，挂了之后她电话又来了。她说你干吗挂我电话？我说你让我想会儿，我现在要做几件事。第一我要跟主办方说这个活动我参加不了了，我要赶快回去，我现在得改机票。第二个不会是在骗我吧？因为她之前老骗我。睡觉的时候，比如说早上五六点钟的时候她说，老公不行了，老公，我要不行了。我说，快走，去医院。完了她就睡着了。所以，你经历过"狼来了"以后呢，你就会觉得犹豫。

李　艾：那是你女儿，你不能用"狼来了"来比喻。

文　章：有异曲同工之妙。对，然后就是，我说赶快改啊。活动方也特别地支持。本来是一个小时的事情，最后压缩到 8 分钟。然后赶快上台，下台，走，坐飞机就走。那天 9 月 20 日，上海下大雨。我马上电话遥控，我让我爸妈从西安飞到上海，然后又让我的朋友，我公司的人，助手飞上海，全部飞上海。

杨　澜：他们去有什么用啊？你后来是什么时候到的？

文　章：是啊，我傻啊，我就以为大家去能帮上忙嘛。我女儿是中午 12 点 59 分降生的。那个时候我才在去机场的路上，然后改了机票，改最早的一班飞机。但是当时上海航空管制，就是下不来。我是 7 点多到的上海，我上来之后，一路奔跑，就到医院。

杨　澜：是慢动作吗？这个时候的音乐是什么样的音乐呢？

文　章：不是，因为我进去之前，我就有电话遥控，我公司的所有人都拿着 DV 在拍我，好几台机器在拍我。就站在那儿拍，就等待我冲进来那一刻。我冲进来，旁边一看，你们都在，我就往楼上跑，冲进去，完了以后灯也是关着的。她当时也插着很多的监护仪器，就冒虚汗，但我一进去，首先看她肚子没了。

杨　澜：那不叫肚子没了，就是肚子瘪了。

文　章：对，肚子下去了。也不敢开灯，轻轻地把旁边的一个灯打开，然后就看我女儿是这样的。

全职奶爸

李　艾：第一次见你女儿什么感觉？

文　章：被包得很紧。我看着她，所有人这个时候都以为我会流下两行热泪什么的。机器又过来拍我，我也没感觉，我就看着她，我仔细端详，我就在看像谁。

杨　澜：哪点像我？

文　章：没有，全乎不全乎，脚什么的都看看。好，然后我说，我得看看我女儿的下半身。

李　艾：她是男孩女孩是吧？得看看。

文　章：不是，我知道是女孩了。但是我从来没在这个时候看过我女儿，我说我得看一眼，到底长什么样。

李　艾：那你这当爸的，真的，也太不正经了。

杨　澜：很正常。

文　章：你得看看女儿，每一个部分，你是不当爹妈，你不知道那种心情，你是很想看她每一个部分，仔细端详。

杨　澜：完美。

文　章：对。

李　艾：对，我明白，我明白他那种感觉，就是这个女儿是你的作品。

文　章：对，你们都别笑，你们的父母一定干过这样的事情，真的。你也干过吧？至少你看过你儿子？

杨　澜：都看过，儿子、女儿都看过。然后呢？你就发现她什么地方像你？

文　章：我觉得她完全就是我的一个翻版！

李　艾：真的？

文　章：真的，完全就是我的翻版嘛。

李　艾：那么小，刚生出来，不是小孩都会有点皱皱巴巴的吗？

文　章：但是她就是那么的好看。

杨　澜：她的妈妈也很好看啊。

李　艾：真的，为什么不是，我想不是所有父亲都会有这种感受。那我爸就不是，因为我爸那时候在前线，他收到我的照片第一个反应是把它藏起来，千万别给人看到，因为这女儿长得太难看了。

赵守镇：护士带我过来，然后我爸爸的第一个反应就是，这是猴子吗？真的，我爸爸这么说的，像猴子。

文　章：不会吧？不可能。

赵守镇：我爸爸当时是28岁生的我，接受不了一个猴子。

文　章：小孩刚生出来都是有点儿皱皱巴巴，但一天一个样，从她一天到三十天，就一天一个样。

杨　澜：你都做了些什么？

李　艾：对啊，你能照顾她吗？

文　章：她在医院期间，包括整个月子都是我在伺候她，我是一个全职奶爸。晚上全是我来盯。因为女儿降生之后，她的黄胆就是褪不下去，你们都不懂？

杨　澜：需要到小暖箱里去照。

文　章：对，当时我跟太太坐在那儿哭，24个小时，因为她在里头真的很痛苦。然后女儿的尿布都是我来换，我不仅要伺候小的，还要伺候大的。因为剖腹产她第一天会有排气，还有很多，要排尿，然后还要下来活动，她要活动嘛，很疼。先陪她，然后这边弄孩子，弄尿布，喂奶，试奶温啊什么的。

李　艾：真的假的？我们这儿有一个娃娃，你来给我们展示一下怎么抱小孩，正确的。然后怎么喂奶。

杨　澜：这娃娃长得像你吗？

文　章：我不能说我是最正确的，但是呢，我觉得，我其实真的是挺专业的，就是因为我在头一天就学会了很多喂奶，拍奶嗝什么的，然后换尿布。

杨　澜：你不是说，你会一边给她喂奶，一边唱摇篮曲吗？

李　艾：唱哪一首啊？

文　章：想起什么唱什么，但是用最缓慢的节奏去唱。

李　艾：那你唱过什么呢？

文　章：就是最简单的，就是哄。

李　艾：两只老虎，两只老虎。

文　章：我唱过，这个我也干过。

李　艾：真的？

文　章：我干过，我能想起来的，流行歌曲也行，什么小燕子，什么能想起来，包括我自己的歌，也会最缓慢地去唱。

杨　澜：你自己有什么歌适合给婴幼儿来演唱？

文　章：没有，因为那个时候我已经很空白，能想起什么就唱什么，本来我那是一个摇滚的歌曲。

杨　澜：孩子啊，特别是你一天天看她长大，最可爱的时候，就慢慢会爬了，会站了，然后冲着你咿咿呀呀地要表达，我想问你一下，你孩子是先叫爸的，还是先叫妈的。

文　章：先叫我。

杨　澜：真的，是什么场合下第一次叫爸？

文　章：有一次是我和太太，还有岳父、岳母一起去吃饭，带着女儿。然后在一家餐厅里，刚坐定之后，点完菜我就看着她乐，她就突然看着我，爸——爸。

杨　澜：你那个时候怎么样？

文　章：我当时傻了，空白，脑子开始飞速地转，我说是在叫我吗？然后我说你再叫一遍，她说爸爸。

杨　澜：真的，能重复啊？

文　章：对，我当时，哗——眼泪就下来了，我当时眼泪就下来了。但是你知道，幸福的泪水，对，但是你要知道，太太在旁边，她想这么长时间，都是我在喂养你，是从我肚子里拿出来的，她凭什么先叫爸爸。

杨　澜：她凭什么先叫你？

文　章：我能理解她这种心情，所以她会冲我说，老公啊，现在呢，孩子是没有意识的，她叫什么是没有意识的。

杨　澜：她是随便张张嘴。

文　章：对，我说我不这么认为。但是我也不能说太多嘛，毕竟太太很辛苦。

赵守镇：你太太有了女儿之后，有一点嫉妒的那种心情吗？

文　章：要是我的话，我可能会崩溃的。你在我肚里待了将近十个月。然后出来，我又喂养你，一直这样，你出来，你先叫的是别人。朋友，帮帮忙啊！对不对。

赵守镇：那平时生活中，以前回家可能是先找的是老婆嘛。

杨　澜：对，现在一回家，先到育婴室去了？

文　章：没有，一回家，反正我就先找嘛，先找，女儿呢？完了以后她从一个角落出来先看看我。因为我跟我女儿之间，我错过了很多的第一次，比如说我应该站在产房门口去迎接她，我没有。她第一次会爬我不在，然后她第一次会自己端着奶瓶吃奶的时候我不在，会走路的时候我不在，就很多时候我都不在。所以今年 1 月份，我把所有工作结束以后，我说我什么都不做了，我一直休息到现在，跟女儿建立感情。因为以前，拍完戏中间大概有十来天再拍下一个戏。在这十来天，一回去，她见我就哭，跟见陌生人一样。但好不容易用十来天建立起一种感情，我又走了。再回来，又是陌生人。所以突然觉得我已经错过了很多，我说我不能再错过了。这半年我跟我女儿建立的感情非常好。突然有一天，我就连续要出差，然后回来的时候，我第二天又要走。我就每天都要早起，但我都是早班飞机，我还要再早起，陪她再玩一会儿。然后临走的时候，我就要走，她抱着外婆的腿看着我，我说跟爸爸再见，她就不理我。我说跟爸爸再见，她就很委屈地又不理我。然后我说跟爸爸再见，她就把头埋到外婆的腿里面，然后伸出一个手。当时那一刻，我真的不想走，我哪儿都不想去，真的。

杨　澜：其实你说什么是一个男人的成长？我觉得，可能结婚是第一步，有一种家庭的责任感。但是可能最关键那一步还是当爸爸的那一刻，这个世界上有一个小生命，真的是全副身心地依赖你，依恋你的时候，那我觉得是一个男人真正成熟的时候。

文　章：这种感觉，其实真的不能用言语来表达的。每个人在那一刻，首先我是有一种归属感，我属于这个家庭，然后，这是属于我的女儿，我的妻子。男人很多东西是建立在一些安全和归属，一个大的感觉里头，其实男人要比女人脆弱得多。

杨　澜：我觉得现代的男人跟过去有一个很大的区别，就是过去男人为了显示自己是大老爷们儿，觉得什么尿布，奶瓶，都是女人家的事。现在男人聪明了，他知道这孩子成长的，特别是婴幼儿时期，这段时间是非常宝贵的。是转瞬即逝的，可不能把这么好的享受都让给女人，对吧？

文　章：对。

杨　澜：所以我觉得，超级奶爸，从女人的角度是一个好父亲，是一个好丈夫。其实对于男人来说，更何尝不是一种人生的享受和无可替代的快乐。

文章：我只拍过两部电影，一部《走着瞧》，一部《海洋天堂》。《走着瞧》在去年上海国际电影节的传媒大奖，我拿了最佳新人奖，然后电影也拿了最佳新人导演、最佳影片，还有最佳编剧。然后，今年我们拿了最佳影片、最佳新人导演和最佳男演员。连续两年我两部电影，所以上海是我的福地。

申雪、赵宏博

平淡中的不平凡——申雪、赵宏博

还记得那年的冰场上，申雪和宏博完美无缺且震撼人心地完成了让我们感动的《图兰朵》。他们自己也说，那是他们最为满意的作品之一，这让他们再次成为世界冠军！

编导手记

与申雪和宏博的第一次见面，是在他们位于国家队的住处，之前通电话的时候心里还有一丝的忐忑，可是当见到了操着一口东北话的他们时，我也被他们的真实和有趣所感染。他们和我们一样，唯一异于常人的，可能就是他们新晋奥运冠军的身份。

提到奥运冠军，这是申雪和宏博、乃至全中国人都企盼了很久的。人们跟随着申雪和宏博的脚步，一直走在那条通往奥运冠军的道路上。今天，我们终于可以骄傲地说，中国有一对冰上伉俪，他们是屹立在世界冰坛的王者！他们是申雪、赵宏博！

还记得那年的冰场上，申雪和宏博完美无缺且震撼人心地完成了让我们感动的《图兰朵》。他们自己也说，那是他们最为满意的作品之一，这让他们再次成为世界冠军！人人心中都有一个梦想，而他们的梦想，便是与国人一起翘首企盼的"奥运梦"。

他们经历一次次的失败，一次次与奥运冠军擦身而过，但他们仿佛从未气馁。或许在我们的心里，哪怕是在国外冰上运动评论员的眼里，他们都早已是王者，都早已是冠军的最好代名词，但是只要一天没有站在最高点，伴随五星红旗和国歌接受人们的敬仰，他们就不甘心！或许这就是这十八年申雪、赵宏博为什么一直不曾停止追梦脚步的原因之一。

申雪、宏博宣布暂时退役休养时，很多人都认为他们可能不会再出现在赛场上，中国的夺金日又变得遥遥无期。不知道是不是所有人的想念化成了他们复出的力量，当他们再次出现在奥运赛场，惊艳地完成那一套套动作，那一个个表情时，我哭了。都说男儿有泪不轻弹，但这眼泪省不掉，那不仅仅是感动，里面还掺杂了幸福、快乐和圆满。

对申雪和宏博简单地采访完，我更佩服起他们！我以为，当他们正式退役之后，我们的后备力量可能会不足。申雪和宏博说，他们要成立滑冰俱乐部，要让中国的孩子离冰上项目更近，要让中国有强大的后备力量面对今后的比赛！

他们依然穿着那套鲜艳的队服，在夕阳下，他们回首道再见。此时的他们是美丽的，犹如一抹彩虹，将经典的一幕永远刻在每一个人的心中。

邓鹏

就想找个人帮我捂手

杨　澜:今天我们请到的嘉宾，是在冬奥会的比赛中，最赏心悦目，最让人如痴如醉的花样滑冰选手。他们是冰上的神仙伴侣，每次出现都能引起我们特别强烈的赞叹，有请申雪、赵宏博。

李　艾：跳舞跳得好，是不是冰上花样滑冰的基本素质？

申　雪：对，我们从小练习芭蕾舞，包括西班牙舞我们都会跳的。

杨　澜：西班牙的弗拉明戈吗？

申　雪：对。我好久没跳了，也没有扇子之类的，只是比划几个简单动作还可以。

杨　澜：你们应该不光是舞蹈动作，还有力量的练习吧？

申　雪：力量是保证你完成动作的基础。这是一个竞技比赛，需要你的力量来控制。但是它也是一个很美的项目，所以，必须要用美来掩盖力量。这方面我们练了很多，普拉提啊，瑜伽啊，还有核心力量。在冰上，当你特别紧张，或者是动作出现一定倾斜角度的时候，你要用你的核心力量去控制，不管怎么歪斜都好，但是一定要落得很正。

杨　澜：托举的动作是不是赵宏博来完成的？平时要是申雪没法让你练的时候，你在家拿什么当申雪练？

赵宏博：对，我们都是用器械。像是练习核心力量，我们可能会把着绳索，然后前倾，这能练习到我所有需要练习的力量。然后双人滑的基础训练，可能更多的是和举重运动员一样，举杠铃。

杨　澜：那双人滑对运动员的标准是什么？

赵宏博：男孩子应该高大一点，女孩子应该弱小一点，这个是双人滑的标准。

杨　澜：一般选择花样滑冰运动员的时候，女运动员比较标准的身高是多少？

申　雪：双人滑的话，一般在1.60米左右就已经可以了。

杨　澜：你是多少？

申　雪：我1.59米。双人滑的女伴的标准，越瘦小越好。如果是女单的运动员，她只要自己能支撑自己，可以完成相应的难度动作就好，但是也要在冰上表现一种美。

杨　澜：所以双人滑的女运动员，体重不能超过多少？

申　雪：我觉得这个也要完全取决于男伴的力量。

赵宏博：我很壮很有力量。

杨　澜：你现在多少？

申　雪：我这两天稍微胖一点。好久没有吃那些好吃的东西，回来以后会多吃一点，但是在奥运会期间我是86斤左右。

杨　澜：多让人羡慕，所有的女孩子都想到了自己的体重。

赵守镇：你吃饭吃得特别香的时候他会不会给你使眼色？

申　雪：他不会管我。

杨　澜：他怎么会不管你呢？会不会经常说，可以了，少吃点？

申　雪：我在控制体重的时候不吃饭，他会说，去吧，吃点吧，你这总不吃饭不行。我说我要控制体重，你就别在这儿打扰我的积极性了，然后我就严禁去外面吃饭了。

杨　澜：人家是心疼你。你们俩真正在一块练习，搭档的时候我记得申雪是14岁，那时候赵宏博是多大？

赵宏博：十八九岁。

杨　澜：19岁了。你那时候看这个瘦瘦的14岁的小丫头，是不是特看不上她？

赵宏博：当初我是四选一选上了申雪，有四朵小金花让我选。

李　艾：男伴也有四个人让你选吗？

申　雪：没有。

李　艾：那你心里有没有不服，凭什么他选我？

申　雪：没有。我觉得很开心，包括我的父母都很希望我滑双人。

我也有自己的想法，东北的冬天特别冷，如果滑双人滑，我想那时候我要冻手的话，最起码会有人帮我捂手。

李　艾：赵宏博当时是怎么选上申雪的，是看样子还是看什么？

赵宏博：选择小雪是我和教练两个人商议的结果。因为要全方位地衡量，考虑她父母的身高，如果父母很高，她发育之后也会很高，胖不胖，还有一些技术条件，包括力量的这种能力都会要看。

百分之百的信任

杨　澜：我们对这个力量能力都不感兴趣。你什么时候爱上她的？

赵宏博：太直接了，2005 年，2005 年跟腱受伤的时候。

杨　澜：那么晚才爱上，你这个人是不是有点麻木啊！

李　艾：你中间都干什么去了？

赵宏博：我们之间的感情是很微妙的。刚开始我们是像兄妹，因为我那时候比她大，我们一起外出去训练，我帮她拿行李，还有洗很多的衣服。

杨　澜：一位男运动员给女运动员洗衣服？

赵宏博：对，然后发展成朋友，再然后我们演了很多爱情的舞剧，去演绎一些王子和公主的故事。

杨　澜：冰上情侣那一段是吗？

赵宏博：对，冰上情侣。然后我们经过一段的磨难，就是我跟腱受伤的时候。

杨　澜：那个时候你们不是已经是恋爱关系了吗？

赵宏博：那时候我们感情很深了，从兄妹、朋友，最后觉得应该是可以托付终身的那种感情了。

李　艾：其实之前可能是已经有了，只是大家都没有往那方面想是吗？

赵宏博：那个时候也没太想，因为天天都在训练。拿我们教练的话说，你们早上在一起，上午在一起，下午在一起，晚上一起学习，然后除了睡觉不在一起，其他时间都在一起。

杨　澜：有没有烦的时候?

赵宏博：老烦了。

李　艾：老烦了!

赵宏博：开玩笑，我们比较特殊的。这么多年我们两个人一直都很尊重对方，然后很谦让对方，吵架大部分是在训练的事情上。

杨　澜：吵得最厉害的一次是因为什么，怎么吵的?

赵宏博：不算特别激烈。

申　雪：他是处女座的人，追求完美。对任何事情不是你做好了、成功了就行。是你一定要很有把握成功，这样才行。所以我们是因为难度的突破，加了很多的难度动作，练的时候就特别的困难。在想螺旋线问题的时候，他对我要求是特别严的，必须做好。我说我也想做好，但是有的时候我做不到，我也不知道怎么能做到。世界上的花滑选手只有我们两个会做这个动作，所以别人没有办法给我意见，只能是我们两个去琢磨。他有时候一着急就说怎么又做不好，又失败了，所以我就生气。说我一次两次行，说多了我就觉得很生气，就觉得委屈，然后就跟他吵，下冰我也不跟他说话。

赵宏博：饭也不吃。

申　雪：正常的话就是下冰就吃饭，问我吃不吃饭，我说不吃。他去餐厅吃饭，吃完饭给我打了一盒饭回来，把我从厕所里揪出来了。

杨　澜：你怎么又去厕所了也找灵感去了?

赵宏博：在厕所里哭了。

申　雪：有时候厕所是一个很好发泄的地方。在屋里哭，哭不出来，厕所的空间比较小。

赵宏博：哭起来有回音。

申　雪：不想让外面的人知道。因为我们两个人一直是队里的一个旗帜，自己软弱的地方不想让别人看到，所以在厕所里面。他说，出来，你是不是想打一架，要跟我打架。他就把衣服都摔到我的床上了。

杨　澜：真要打架？

申　雪：他特别认真地问我，是不是想打架，那打吧。

杨　澜：就给你鞠了躬？

申　雪：没有，他撅着屁股被我打。

杨　澜：刚才守镇问了一个问题，就是两个人真不高兴了，在冰上做那种配合动作的时候，会不会表现出来？其实冰上很多动作很危险的，就是啪一下给扔出去的那种高速度的，是不是会去接？万一有意识无意识没有接，啪一下就摔冰上了。

申　雪：对，所以我们教练最好一个解决办法，也是两个人一吵架，就告诉你，你俩别滑了，下冰。

杨　澜：真的不能滑，太危险了。

赵宏博：我们之间最主要的是信任，在冰上她要不信任我，她基本上就很危险了。

申　雪：对，那我就很难跟他配合。

赵宏博：做动作也是，你犹豫就容易出危险，我很多次都属于英雄救美那种。

杨　澜：说说看什么情况？

赵宏博：去年5月份我们归队之后训练大概一个月的时候，练习捻转三周。女伴捻转三周然后我接住她，再推出去。在捻起来的时候，我就失去重心了，我推的很高很高。那时候我是全力向上推，但是越高越危险。然后我本能的意识就用手臂搪了她一下，那时候她旋转已经转到最后没人接的时候，她越来越歪，然后就横着拍到冰面上了。当时我搪的一下是搪的她的上体，没有摔倒，要不然她会整个平着拍到冰面上的。

杨　澜：所以你那时候的下意识就是一定要把她接住？

赵宏博：对，把我砸到快懵的那种感觉，我就半天没有起来。然后申雪也是半天没动，我赶快爬起来看看她怎么样了，那时候她胳膊肘都摔到冰面上了。

杨　澜：一套动作，肯定有几个是高难度的、关键的，而且是有失败风险的。做最关键动作的时候，你们会有什么样的交流方式，会不会一边滑一边说点什么？

赵宏博：我们在现场临时改变路线，做另外的动作就只有一次，在朝鲜的一次比赛。我们有一个动作是连接一个转体，然后做抛跳，就是把女孩子抛到很远，然后落下来。在转体的时候脚下绊了一下，绊了一下之后那个动作就没有办法起跳了，那个时候的速度还有音乐都已经过去了。因为一共就 4 分 30 秒的时间。然后我就开始算最后再一个托举的位置，也是走一样的弧线。就不做托举了，就做抛跳，她反应很快，然后我们就在一个滑行以后，很从容地把抛跳补回来了。

申　雪：当时抛跳落的很好。

杨　澜：接的时候怎么办？

赵宏博：随机应变，就听两个人很小的声音在说，慢点慢点，转体转体。很少很少有那样的情况，最后还行拿到冠军了。

赵守镇：有没有口号像我们跳舞的那种，“耶”那种？

李　艾：抛？

赵宏博：我记得 2003 年世界锦标赛，在做第二次抛跳的时候我大声喊了一声。

赵守镇：去？

赵宏博：“去”就摔了，那不行。

李　艾：上？

赵宏博：我大喊了一声“落”。

杨　澜：什么意思？

赵宏博：落冰，也是指完全落冰的动作。

李　艾：其实落是最重要的是吗？

申　雪：对，落就是完成的意思，而且一定要站着。必须要很用力地支撑，一下子把这个动作不犹豫地完全打开。

赵宏博：那就是她受伤那次。

申　雪：对，从训练到比赛，这期间一共是打五针麻药。

杨　澜：你那一下真落住了？

申　雪：我从膝盖以下是没有知觉的，所以他喊落的意思就是让我特别用力去打开手，打开腿去做落冰动作。因为那是整套当中最后一个难度动作，也是最容易失败的一个动作，只要那个站住就肯定没有问题。

做饭的男人最性感

杨　澜：有很多观众也关心，你们结婚后，两个人的小世界发生了一些什么样的变化，没人做菜吧？

赵守镇：申雪努力地低下了头。

赵宏博：正在努力地练习。

杨　澜：谁在努力练习？

赵宏博：我，一般都是男孩子做饭，到这儿了必须得做。

赵守镇：在韩国如果不做菜，嫁不出去了。

赵宏博：是吗？

李　艾：守镇做菜做得特好，所以她马上就嫁出去了。我就还没嫁出去，因为我不会，但是申雪就很幸福。

杨　澜：申雪有没有见婆婆什么的？关键是不能让婆婆看见她的儿子在做饭。赵宏博，你对妻子要求是什么，在做家务方面，你对申雪有什么起码的要求？

赵宏博：没有什么概念，我们这么多年大部分时间都在运动队。运动队里面你是不用做饭，不用考虑家务，你就是收拾收拾箱子。

杨　澜：那你觉得她作为一个妻子，你评价评价她。

赵宏博：在家里也不用，在家里我妈妈做饭，我妈妈非常高兴给我们做饭，一个星期回去一次，所以妈妈一定要给我们做饭，去外面吃我妈妈都不太高兴，一定得给我们做饭。

赵守镇：她不会做饭，你妈妈没有意见吗？

赵宏博：没有，她知道我们很忙。

申　雪：不仅不做饭，而且不刷碗、不收拾桌子。

杨　澜：那是因为你还在比赛，等到你真正退役了，你婆婆还是会对你有要求的，怎么又让她儿子刷碗了。

申　雪：我买个洗碗机。

杨　澜：你倒是一直能给自己找个方法。

赵宏博：洗衣服用洗衣机。

杨　澜：但是我听说申雪虽然在家里并不是擅长做饭洗碗什么的，但是在购物方面是很有一套的。比如说她去外面要买点东西是不是都能拿到市场最低价？

申　雪：我们出去做活动，就会有一些折扣券，或者是优惠卡给我做奖品。这个东西对我，包括我们花样滑冰队都是一个方便，因为我一张卡整个花样滑冰队在用。

杨　澜：买了一些什么？有时候打折就买一堆自己不需要的东西。

申　雪：买衣服，还得跟赵宏博去买，他看好的我才买。有时候好久没逛街了，他又不想去的情况下，跟朋友去了，买回来他就说这个不好，那个不适合你，那两件不适合就等于我白买了。

赵宏博：我说的不适合，是不是马上有人肯定我的观点。

申　雪：是，所以我逛街不愿意带他。

杨　澜：你不是刚才说非他不去吗？

申　雪：有时候逛街可以不带他。

赵宏博：在国外的时候她必须带着我，因为没意思在街上闲转。

李　艾：我有一个传统问题，现在你们不是结婚了嘛，就是有婆婆了，如果你妈妈跟申雪同时掉进冰窟窿里了。

杨　澜：这好像是所有男人都要遇到的一个问题。

赵宏博：肯定是都救。

赵守镇：只能救一个。

李　艾：一个是掉到这个冰窟窿里，一个掉到那个冰窟窿里了。

申　雪：我觉得他肯定是先救他妈妈，因为我年轻我还可以再挣扎一会儿。

赵守镇：看她的肌肉多厉害，比他厉害。

申　雪：对，没准我还可以自己爬上来。

杨　澜：我听说好像赵宏博为了学一手拿手的菜肴，还远洋电话，跟人家学习做菜的技巧有这事吗？

赵宏博：这是第一次尝试做饭，没做过。确实我还不知道先放什么，再放什么，必须先弄清楚。

杨　澜：你那时候想给人家做什么，炒鸡蛋？

赵宏博：烧茄子。然后我就打电话给我姐姐，那时候大概是在2006年，都灵冬奥会结束之后，我们自己去加拿大搞编排。就我们两个人住在公寓里面，要自己做饭，从超市里买了东西，摆在这儿。那边是电的炉盘，还不是明火，那个锅是平底的。然后不知道怎么办，就打电话给我姐姐。

杨　澜：总而言之，你打电话给姐姐，就在这样一个平底的电炉

子上做出了烧茄子，味道怎么样？

申　雪：我觉得很好，我都吃了。

赵宏博：这是鼓励我接着做饭。

杨　澜：对，一般都要采取这样的态度。说什么都是耳听为虚，眼见为实，都说赵宏博给申雪做饭，真做了吗？咱也没有吃着，但是现场咱可以给他测试一下。别紧张，我们没有买茄子。做饭时间很长，咱们就考一个做饭的基本功——刀功，切土豆。

李　艾：申雪在旁边削土豆皮，赵宏博切土豆丝。

杨　澜：行吗，能表现一下吗？

申　雪：我觉得他能切土豆丝，但我不会削土豆片。

赵守镇：她是负责吃。

杨　澜：申雪怎么那么有福气。

李　艾：我看到申雪我觉得我也有希望了，我决定去学双人滑。

赵守镇：我从来没有看到削土豆那么性感的男人。

杨　澜：其实很多女孩都是觉得男人做饭是非常性感的事情，特别是那么专注的眼神看着一个土豆的时候。

赵守镇：申雪你觉得他性感吗这样？

申　雪：还行吧，做出来好吃就行。

携手重回奥运赛场

杨　澜：接下来咱们还是回到你们的专业上，很多人都不明白，因为世锦赛以后，你们获得了冠军，也结婚了。两个人安定下来，也退役了。为什么想到这次再复出呢？说实话复出还能够得金牌的寥寥无几，你们做过这个统计吗？

申　雪：只有一对，从复出以后，再能拿到好成绩，他们就是奥运会之后退役了，过两年再回来的时候又拿了一届奥运会冠军，其他

项目没有一个人。

杨　澜：你们俩退役又宣布要出来，是教练来找你们的吗？

申　雪：是我们回去找教练、找主任的。

杨　澜：他们当时觉得意外吗？

申　雪：其实他们更想让我们早归队。因为休息一年你再回队，要打一个赛季，看你适不适应比赛的环境。然后再重新准备奥运会还是很充足的。但是那个时候，教练和主任看我们两个都没有想回来的意思。

杨　澜：以为你们两个人沉醉于甜蜜的二人世界，已经忘了这个事？

申　雪：对。包括我们两个的年龄，尤其是赵宏博，年龄也比较大了。主任就说真不舍得叫我们回来了。

杨　澜：因为知道回来是一个很难的事业。

申　雪：那个时候我们就没有回来。其实我也在想，如果那时候不回来的话，我可能就没有打算想回来，回来再重新搏这次奥运会的想法也是已经没有了。当赵宏博想好了以后，说咱们是不是还要回去，他就把这些对手的情况分析了一下，我觉得很有道理，所以我们两个想好了以后就给主任发信息，给教练发信息。

赵宏博：然后在团里暗暗地开始练了。

杨　澜：你们有没有想过如果失败了怎么办？毕竟是比赛，谁能说百分之百有把握。

申　雪：说实话，我们对失败考虑不大。

赵宏博：我们 2007 年退役之后，生活很充实，有了自己的俱乐部，参加了很多活动，做加拿大旅游局的形象代言人。然后在加拿大很多漂亮的城市和旅游景点去旅游了，那时候我们就当这是一个蜜月了。

杨　澜：真省钱。

赵宏博：过得很舒服很充实。但是我们一直有一个梦想，就是这么多年，经过这么多坎坷，拿过三届世界冠军，还有六次世界大奖赛

总决赛的冠军，最想拿的还是奥运会的冠军，所以我们在那两年当中非常关注花样滑冰，然后也会很仔细地去研究选手们的表现。大概到前年 12 月份的时候，我们俩已经决定想要回来，因为觉得那两年花样滑冰的发展现状，我们可以有一点点机会。

杨　澜：什么机会？

赵宏博：就是可以争夺冠军的机会。

杨　澜：有没有犹豫？

赵宏博：肯定会犹豫。

杨　澜：本来就功成名就，中国人说见好就收。

赵宏博：我觉得回来最大的问题就是要有勇气去面对失败的打击。你比赛的时候可能会失败，奥运会你也可能很灰的就走了。别人也觉得我们不行了，已经过时了，所以这就是勇气的一个超越。

杨　澜：这次奥运会特别是在最后一场比赛当中，真是非常完美地完成了自己的动作，这个中间有没有任何出乎意料的事情发生？需要临时有调整，或者是我们根本没有看出来的事情？

申　雪：我觉得有一些，有一个托举，那个是很意外的动作，但是整体不受这个动作的影响，而且我们两个人很正常地就下来了，只是我的级别没有达到那么高。所以当这个动作下来以后，宏博就说没事放松放松，如果你很认真的话，会看到我们两个人在说话。

杨　澜：我也想问在说什么？

赵守镇：结束之后你对她说什么了吗？

赵宏博：我说太好了。

杨　澜：就光说太好了，没有说别的吗？

赵宏博：就是说太好了。

杨　澜：他们俩在那说太好了，我们所有人在电视机前说太好了。应该说我们爱你们，我觉得要再次感谢申雪和赵宏博，我觉得这是一次勇气的证明，这个荣誉虽然是我们所有的国人都可以来分享，但是我觉得这个荣誉也是为了见证一份爱情，一份努力和这份付出的勇气

和坚韧，再次祝贺你们。

赵宏博：谢谢！

杨　澜：你能不能给我们分享一下，这种压力特别大的时候，有什么抗压或者是解压的办法？

申　雪：其实有很多，我觉得我们对音乐都特别敏感，赛前化妆的时候都是听着音乐，唱着歌在滑。当你登上大巴车，坐车，去往比赛现场的时候和你比赛的时候心情是不一样的。那种压力的气氛，旁边的人给你喊加油的时候都不是正常的声音。就连他们都是那样，你想想你们自己什么样？

杨　澜：你要突然做一个动作，愣一下其实挺害怕的吧？

申　雪：对，有的时候就是太嘈杂了。我有一次印象特别深刻的时候，我在顺利外两翻，就是做很容易失败的动作，准备很好，就听那边小孩哇一声哭了。

杨　澜：那怎么办？

赵宏博：那也要跳，什么样都要跳。

赵守镇：你家里是不是有好多娃娃？比赛完了有好多观众送给你们东西。

申　雪：对，特别多。

杨　澜：不过现在如果家里还有很多娃娃，也要稍微腾腾地，将来留个地方给真娃娃。申雪你觉得自己会是一个什么样的妈妈，有没有想过？

申　雪：没有想过，我觉得他会是一个很好的爸爸，我觉得他是那种跟小孩能玩儿到一块的。

李　艾：申雪肯定是个不做饭的妈妈。

申　雪：没准以后为了孩子也会做了。

杨　澜：就是，很多女人都会因此而改变了。当然我觉得你们两个不会离开冰，不会离开冰场，不会离开这个运动，还有很多孩子可能因为你们这样的榜样，爱上这个运动，成为未来的世界冠军。

李健

做自己的传奇——李健

《童年》《风吹麦浪》《传奇》……他的歌初听一下觉得不过如此，没有大悲大喜的情绪、大开大合的旋律，平淡得像水、像空气，只是有些许淡淡的哀伤。但是他的歌有一种魔力，能够让你在闲暇的时候想起它，哼着它。

编导手记

他曾是清华学子，却为音乐毅然放弃金饭碗；

他曾是《水木年华》主唱，却因理念不同而选择离开。

他才华横溢，他冷静幽默，他孤独却不落寞。

他坚持执著，他恪守音乐，他有个性却不张扬。

沉寂多年后,王菲春晚的一曲《传奇》让人们重新发现了这位乐坛才子。

一起走近音乐诗人李健，和他一起感受音乐傲骨。

黄黄

人生第一把吉他

李　艾：我听说有外科医生在做手术之前，是要听李健的歌的。

杨　澜：为什么呢？这样能达到心理的一种什么状态呢？

李　艾：他的话比较冷静，心里那种躁动的感觉会安静下来，然后做手术的时候会更加专注。

赵守镇：但是如果是女的医生不行，太激动了，太帅了，你觉得你自己很帅吗？

李　健：没有，还行吧。

杨　澜：说起你的童年，李健是东北人，哈尔滨人，你为什么一点大碴子味都没有？

李　健：其实东北三省我能听出来口音，差别非常大。人们通常会把赵本山他们说的那个作为标准的东北话，其实不太一样，我说多了也会有东北话，哈尔滨好像好一点。

李　艾：但是没听出来一点那旮旯的。

李　健：我小的时候，就有一少部分人说，但是我们不说那旮旯。

杨　澜：那说什么呢？

李　健：我们就说“那疙儿”。我记得当时有英文课文，老师说“Sit here”，然后我们同学翻译“就在这疙儿”。

李　艾：你有没有发现东北人的幽默真是与生俱来的，你看李健斯斯文文的坐在这里说笑话，没有表情，但是他说完大家都笑，他自己不乐。

李　健：可能跟天气有关，因为东北一年有六个月是冬天，那以前没有什么电视机，又没有娱乐，只能靠说话啊、讲段子，来度过这漫长的冬季，我猜想是这样。

李　艾：你什么时候开始学的吉他呢？

李　健：就中学，我中学只干两件事，初中一年级开始学琴，就除了学习就弹吉他，体育运动特别少。

李　艾：为什么，当时出于什么目的学的吉他？是想吸引女孩子的注意吗？

赵守镇：肯定的嘛。

杨　澜：人家那时候才初一。

李　健：我青春期初二才来临。

杨　澜：所以你求着爸爸妈妈去买第一把吉他的吗？

李　健：对，那个时候工资都不太高，父母都才100多块钱，那把琴就要92块钱，对家里也是个考验。

杨　澜：比缝纫机还贵呢。

李　健：当时我记得我回家，我爸正在和面，我爸正蒸馒头做花卷，我跟我爸说想买吉他。因为那个时候吉他不是随便就能买的，得碰，有货才行。我爸说多少钱？我说92。我爸犹豫了一下，但是我妈听到了。我妈说赶紧给儿子去买，就给拿了钱买。当时还没有100块钱，是10块钱一张那种的。当时我妈领着我去，还挺激动的。

杨　澜：我听说当时你特别擅长模仿很多其他的知名歌手，谭咏麟？

李　健：对，那是中学时代，那时候听港台歌曲，韩流歌曲还没进来。听王杰啊、齐秦啊，因为所有人，包括画画也是，所有都是从模仿开始的。那时候没有CD，就拿个小录音机天天捧着，然后还拿空白磁带自己录一下，有时候录一下看能不能去蒙蒙人。

杨　澜：你看我没法去你中学时代考证一下你是不是学得像，要不你现场给我们模仿一段。

李　健：谭咏麟现在学得不太像了，我自己弹唱吧。

赵守镇：我现在心脏跳得很快了，我喜欢上你怎么办呢？

李　健：那就顺其自然吧。

杨　澜：但是我怎么听说你还模仿阎维文呢？

李　健：我现在这个嗓子没有那个状态了。

杨　澜：你看群众的呼声。一个人的声音怎么跟刚才的感觉完全不一样了，你后来怎么没去唱民歌？不够时尚？

赵守镇：他长得也不像唱民歌的。

李　健：像，我有段时间留过像阎维文那样的发型。我妈特别喜欢阎维文老师，然后阎维文老梳那种东北叫奔式的发型。像早年费翔的发型，我梳过一段。

杨　澜：所以后来你也梳过那样的？

李　健：对，但我这个缝老梳不直。

李　艾：我还知道他有一个特别不一样的才艺，他还可以唱东北二人转版的《大约在冬季》。

李　健：那个就一句。

李　艾：就一句也行啊。

李　健：前面都还挺深情。

杨　澜：对，前面都还挺深情，我后面听出潘长江的味了。

我可能是个无趣的人

李　艾：李健会跳霹雳舞，而且还拿过奖呢。

李　健：那是孙红雷。

杨　澜：我现在知道，在台下坐着的比我们更了解他，他会吗？

李　健：那是我前几天跟孙红雷在一块，那是他。

杨　澜：孙红雷以前也来过我们节目，他获得过霹雳舞赛的冠军什么的。

李　健：当时我们俩聊过，他也是哈尔滨人，他说他在哪跳啊，那些地方我特别熟悉。因为霹雳舞我也很喜欢，但是老是装着一本正经。

杨　澜：那时候是属于特别不正经的学生才能去？

李　健：学校觉得挺左的，不让学生去。

赵守镇：霹雳舞是什么，能给我看看什么叫霹雳舞吗？

李　健：我就看过这一个动作。

杨　澜：你真是非常冷静地在不断给我们带来惊喜。你的霹雳舞是属于上半身霹雳舞是吗？但你那时候肯定学习特别好才能考上清华对吧？

李　健：对。清华是保送，保送上的清华。在座的很多朋友都了解，参加冬令营，然后文艺上特别好，就保送过去。其实我觉得个性解放是在大学，中学时代老师一直都说我少年老成，也不太愿意跟人说笑，当干部嘛，有时候要批评同学，谁每天迟到早退，我都要记这个东西。我高中的时候就写入党申请书了，又红又专，但后来没进去。后来上大学之后突然间——大学老师不怎么管你了。

杨　澜：突然一下自由了，然后家长也管不着你了。

李　健：然后家长呢，突然给你带好几千块钱，说这个学期你要花这些钱，学生哪见过那么多钱。当时就特别幸福。然后我一看清华吃得很好，又碰到一些高晓松那些人，我们系的，那时候校园民歌运动啊，有很多清华的活动，那时候我真正释放了自己。

杨　澜：那个时候特别时兴拿着吉他，到女生宿舍楼底下去唱，你从几年级开始有这个行为？

李　健：我不愿意凑热闹，清华7号楼是女生宿舍楼，我住在26号，很远，那么7号楼门前总有一些流连忘返的男同学，很多人，我是一个不愿意凑热闹的人，可能里面也住着我比较心仪的女同学，但是我又特别不爱凑热闹，我就不去。

李　艾：那你说7号楼是女生楼，其他的全是男生楼，你都已经排到26号楼了？

杨　澜：清华的确是男生比女生多。

李　健：我们班33个人，4个女的。

杨　澜：李艾，如果你要去清华的话，一定是最紧跟潮流的。

李　艾：根本没戏，我的工科学校，跟他们的比例是一模一样的，也没有男生在我宿舍楼下给我弹琴，觉得读工科的男生都不是那么有趣，你学的还是电子系。

李　健：其实我现在可能还算是有点趣的人，刚才说那个事突然想到，我以前可能是个无趣的人。

杨　澜：你不是说那个时候你个性已经解放了吗，还是很无趣啊？

李　健：对，因为很多时候你是挺傻的，就是特别的懵懵懂懂，不善于表达自己。我原来上学的时候约过一个女孩儿，我说我能跟你一块自习吗？

赵守镇：什么？

杨　澜：自习，就是晚上去图书馆自习，这是一个很堂皇的理由啊。

李　健：女孩儿好像犹豫了一下就答应了，跟我上了一周，最后有一天晚上，我说去那个三教。她说对不起，我今晚不能跟你上自习了，我说为什么？她说我约了别人了。当时我就是觉得挺受伤。

杨　澜：很有挫败感？

李　健：对对对，但好像第二天就好了。

杨　澜：然后就有了新的目标了？

李　健：也没有。后来我问过这个女孩儿，上高年级以后又碰到那个女孩儿，挺熟的。她说那个时候你太胖了，觉得我有点土，那是一个北京女孩儿，北京女孩儿都很优越。一看哪来的东北胖小子。

杨　澜：你那时候是比现在胖很多吗？

李　健：胖很多，那时候是肥仔，军训之后老穿一大军裤，然后还戴大绿围巾。

杨　澜：是有点土啊。一般受到这样的打击，特别容易成为音乐的灵感吗？

李　健：对，当时清华还有一些流浪诗人在学校里混，他们总说痛苦是创作的源泉。

杨　澜：然后每个人都装着很痛苦的样子是吧？思想者。

李　健：那后来吧，就看高晓松那个作品集，一会儿上厦门流浪，一会儿上哪流浪，身上就剩三弦了，怎么老写三弦歌曲，原来只有三根弦。

做音乐，不妥协

杨　澜：当你要放掉广电部，在很多人眼中是一个金饭碗的地方，然后说我要去组什么乐队，去唱歌，周围有支持你的人吗？比如说那时候爸爸妈妈怎么想，我们那么乖的儿子，一路保送上了清华，大好前途，怎么突然要去干这样一个事？

李　健：因为学校里面太自由了那种生活，不太习惯朝九晚五，也不太喜欢办公室里那么一坐，办一些原来没办过的事情，很多办公室的工作，我不太适应。听说如果能够当歌手不上班，还能把自己写的歌录成 CD，我觉得这个太梦幻，就去了。

李　艾：你们那时候有包装吗？

李　健：当时有些包扎。

杨　澜：最初决定怎么样一个形象？或者说造型，上台啊，两个人怎么商量？

李　健：因为我也很久没见小卢，回来就说你这发型不对，你得减肥。

杨　澜：就是你那个时候还是肥仔呢？

李　健：上班以后更胖了。

杨　澜：完全想象不出。

李　健：当时也不适应，只要镜头一对着我，当时脑子就空白，然后也发直了，就完全不适应。因为我跟其他歌手不太一样，很多歌手都在夜总会、酒吧，跟陌生人打交道，我是从一个学生，突然间到工程师，马上转变成一个所谓艺人，一个歌手，很多都不会。当时东北话也挺牛，我记得我去做电台，别人就问这地方离我家远不远，我脱口就说贼近，当时这个小卢就捅了我一下。

杨　澜：当时作为流行的组合，还不能说这种太强的地方方言。

李　健：后来稍微注意点就好了，但是我现在生活中，说多了也会有一些。

杨　澜：我觉得挺可爱的。

李　健：有些调是我们哈尔滨独特的，比如说有些字，你还没吃饭，我们那边说“还没吃”。

李　艾：那当时这些事情有人教你们吗?

李　健：我现在想想挺可爱的，做了很多当时不适应。比如说颁奖的时候，得奖了，舞台上，底下坐了很多所谓的超级明星，我见他们挺紧张，在他们面前又不适应麦克风，因为那时候没有带那个耳机，我唱唱就跑调，我记得那次 Channel V 的颁奖，特别重要一次活动，底下坐那么多乐团前辈，我跟小卢唱，当时我就唱跑调了。因为我听不到自己的返送。

杨　澜：还经常被重播是吧?

李　健：播出率特别好，每次我都恨不得钻地下去了，因为我自诩是一个唱得非常好的人，不能容忍唱歌跑调，然后那个声音还抖，还跑。

杨　澜：但不是绵羊音?

李　健：也差不多了，现在看有时候还挺难受的。

赵守镇：你是一个特别不喜欢热闹的人吗？一下到热闹的场合，是不是特别难受。

李　健：在台上，你看我说的这句话就是东北话，“在台上”。在台上的时候，我这几年说心里话，我才适应了。刚才上台之前我跟助手说，以前我要做节目的时候，包括今天我一定会紧张。但现在就不会紧张，而且还有一种兴奋的感觉。

杨　澜：真的，咱们让他紧张紧张吧，主要我们看上去太慈眉善目了，咱们现在开始发起进攻。

李　艾：那你为什么在水木年华那么成功的时候就离开了呢？

赵守镇：他是离开的，还是被踢走的？

李　艾：这得问他，有可能是被踢走的。

李　健：我其实还是在音乐上挺任性的一个人。越做越想做得随心所欲，有些时候是不能分享的，在音乐创作这个领域里。比如我那天做采访我就说，如果这一张唱片里面有一两个音乐是我不喜欢的，我每次听到，多年以后听到都会耿耿于怀，比如有几个词是我不喜欢的。所以在创作上你两个人在一起合作的时候，你就一定要为对方考虑。

杨　澜：需要妥协？

李　健：当然，任何一个乐队或组合，都要牺牲很多个性，连The Beatles这样伟大乐队，都是这样。

杨　澜：所以最后不愿意再妥协了？

李　健：对，人家也为你妥协。因为我喜欢的也不见得是小卢最喜欢的，所以在音乐上他也是这样，就没法在一起。

杨　澜：但是会伤到个人感情吗？

李　健：当时一定会的，但这么多年都释然了。

李　艾：这事就像男女分手，有人愿意分，但是另外一个人可能不愿意分，那肯定就会有难受，你是属于愿意分的呢，还是属于不愿意分呢？

李　健：我是愿意分的，还是愿意分的。我是处女座，看中的事情就会特别较劲。

杨　澜：就说你是一个很拧的人，比较轴？

李　健：对。我去餐厅吃饭，如果我听到不好的、难受的音乐，我一定坚持给换掉，有些音乐我是听不了。

杨　澜：真的，有什么音乐你是受不了的？

李　健：我没法得罪那些人。

杨　澜：真的？你就跑到人家台上去，要么你把这个音乐换掉，要么我就不点餐。

李　健：对。在非常好的一个飞机上，我说你这个飞机都这么好，飞机音乐能不能用好一点的。

杨　澜：你没有半路上跳下来，已经容忍了。

李　健：我有恐高症，太高了。我很在意这事，你就会特别较劲，其他的东西我就不会在意。

杨　澜：你出道将近10年了，你当中有哪一段的心理是失衡的吗？

李　健：最初去演出的时候，因为那些特别有名的人，他们待遇更好，他们有独立的休息室，你没有什么名气，是一个所谓的小众歌手，跟其他人挤在一块，对我来讲也没有什么太多难受的。当时我没有觉得怎么样，我能接受，因为你就是一个没有什么名气的人，但是并不影响你的自信心，我觉得我的音乐一直是很棒的，没有问题。无论一个歌手多么有名气，多么辉煌，你给他一把吉他或者一个钢琴，让他唱一首歌，马上就一目了然。因为我也见过那些非常耀眼，但一唱歌就不行的，但是我始终对自己的音乐很自信。

杨　澜：但是一直被称为是比较小众的音乐人，或者是歌手，会不会对你产生一种困扰？现在社会上的各种名啊、利啊，各种方面，跟大众化相结合的。

李　健：对，但是我还算比较有运气，一直有唱片公司来帮助，来出资做唱片，他们一直坚信我会更好，所以到今天原来那几个公司，我前几天碰到，还是很感慨的。

杨　澜：你每个唱片都给他们赚钱了吗？

李　健：没赚到钱，但最近他们开始赚钱了。那天碰到一个最早唱片公司的人，他说你原来那些唱片我也很发愁，都落满了灰尘，很多没地方放，现在都卖出去了，还得加印什么的。

杨　澜：这个时候卖出去的特别多？但是这个会不会或多或少是因为王菲在春节晚会上唱了你那首《传奇》呢？

李　健：不是或多或少，就是。

杨　澜：所以这个心态上怎么样看待一个问题呢？当然你有这样一个知音，喜欢你的歌，音乐上的这种相互欣赏，同道之间的这种相互欣赏是很让人觉得开心的一件事。但是这么多年，突然就因为这么一个很大众化的事情，突然让你一个小众音乐家广受追捧。

李　健：其实就相当于王菲拿一个喇叭，广播了一次，说这是一个好歌手，基本上相当于这样一个作用。但是我心态挺好，至今我也不认为我的音乐是大众的。

杨　澜：你的心态是什么样？

李　健：我的音乐就是给一部分人听的，因为没有一种音乐是全民听的。而且我一直说谁说当歌手就一定大红大紫，我并不爱歌手这个职业，我仅仅是喜欢音乐而已。就是区别特别大，到今天我也并不热爱这个行业，说心里话。

杨　澜：什么地方让你不喜欢？

李　健：比方说很多时候你没法选择自己演出的场所，你要录像的时候，你必须要换音，我当时也挣扎过几次，但你放出来那声音就没法听。听众就会觉得别人怎么唱那么好你怎么唱那么差。人家放的CD，你现场的音，没法弄，媒体会吹捧一个不怎么样的人。说心里话，有很多我不喜欢，然后不停地有很多人夸大娱乐圈那种黑暗面，说这个潜规则。我认识那么多影视明星，没有像想得那么夸张，就很多问题，然后一窝蜂地也特别多。我觉得网络确实是便利了人们的生活，但是从很多方面却伤害了音乐，让我们的音乐退回到上世纪80年代的水平。

杨　澜：你是指网络歌曲的这种草根性？你觉得让音乐退步了？

李　健：草根性是没问题，是可以让他们欣赏，但不能把它作为唯一标准，如果一首歌在彩铃上不卖钱，现在已基本不是一首好歌，这是错误的。

杨　澜：可是现在的音乐的确到了出唱片就肯定亏钱，只有靠彩铃才能赚回点钱这样的境地，不仅是中国，全世界的原创音乐，还是有萎缩的迹象啊。

李　健：但并意味着人们把彩铃卖不卖钱作为一个普世的标准。

杨　澜：那如果你的公司跟你说，前面这几张唱片咱都亏了，你下面创作这几首，拜托，彩铃点击率高点。

李　健：因为签我的公司，不会在彩铃上寄予什么希望。

杨　澜：我现在怎么开始同情你的公司了。

李　健：比如说我现在比原来好很多了，我有商业价值了，公司会很高兴，还有一个问题就是，我具有榜样力量的。只要你好好做音乐，有一天是没问题，并不是说只有做彩铃、做网络歌曲、参加选秀才能出来，才能赚很多钱。好好做音乐也会有好结果，可能需要等的时间长一点。

赵守镇：那你喜欢什么样的音乐，喜欢哪位歌手？

李　健：歌手我还是喜欢那种真诚一点，内心一点的，别太花哨了，我可能年龄大了，听一些，就小孩那种，什么打个电话了，我今天哭了，什么 come on baby 这个。

李　艾：其实太白的歌词你觉得不太喜欢。

李　健：心态上不一样了。我年龄大了，我过了那个小孩的年龄了。

杨　澜：已经是李爷爷了，李爷爷敢问你一共创作过多少首歌曲了？

李　健：4张原创就40首，水木的两张，一共六七十首。

生命中的传奇

杨　澜：如果选一首最能代表你最近一段的心态的歌，你会选哪一首？

李　健：最近我们国家多灾多难，老让我想起给地震写的一首歌，我没有最喜欢的一首歌，我爸爸去世的时候，最喜欢的那首就是给我爸爸写的《想念你》，都有阶段性的。

杨　澜：《想念你》是写给父亲的？

李　健：对，他去世之后一个月，我在哈尔滨，有一天写的。因为我爸去世，我也没怎么哭过，我很少哭，但写这首歌是我在弹钢琴的时候，真是有点泣不成声。

杨　澜：他的年纪并不大？

李　健：他去世的时候63岁。

杨　澜：按今天的标准还是挺年轻的。

李　健：对，但我就觉得，就算是成年人，也没有已经做好这种准备。去世四年了，现在我渐渐释然一些。

杨　澜：其实音乐有一种直击人心的力量，我们不需要特别多去解释。其实这种释放是好的，有的时候流眼泪并不是说忍受这个痛苦，其实它也可以是一种释然，真的。

李　艾：但是我有点幸福感，这首歌听完了以后，虽然流下眼泪，但是是一种幸福感，好像有人能懂我的那种心情，虽然只是听了一首歌，但是有知音的感觉。

杨　澜：你的爱情跟你音乐有关吗？有被你的音乐吸引来了的爱情吗？

李　健：那不是，那真不是，开始的时候，清华的学生，有一种崇拜也好，当时她还在上中学，我小时候也崇拜上清华北大的人，女人都是从敬到爱。我不知道你们是不是也这样认为。

杨　澜：她必须先从尊敬到爱，可能不适用所有的女人，一部分适用。我是不是可以想象说，她的父母和你的父母，是邻居或者是朋友这样的一个关系？所以她从小就知道有一个保送去清华的大哥哥？

李　健：对，在她5岁的时候我们见过一次。

杨　澜：这就是为什么你写童年特别执著于5岁这个概念。

李　健：5岁的时候我们见过，当时我10岁。

杨　澜：她从那个时候就觉得这个大哥哥非常值得尊敬。

李　健：那个时候对我没有印象，不太深。

李　艾：但是你对她有印象了。

李　健：当时她妈还抱着她，我有印象。因为当时我爸老说，这独联体小姑娘，因为她长得像俄罗斯人，头发有点黄，我爸也不说俄罗斯，他说独联体。

杨　澜：政治概念很挺明确的。

李　健：对，后来在我上高一的时候参加了一个婚礼，我看见了她，那个时候她已经长大一些了。

杨　澜：亭亭玉立了。

李　健：那时候有印象了。

李　艾：后来你追她是吗？

李　健：也不是追，两情相悦的时候就会走到一起。

杨　澜：你有没有为她写过一首歌，或者是跟她的恋爱当中受到她的灵感写过一首歌。

李　健：其实最早那首《传奇》就有，我没说过，有她那个影子。

杨　澜：真的吗？但是她可不是你在茫茫人群里偶然看了一眼就爱上了，显然是早有预谋，从5岁“独联体”就看上了。

李　健：其实那个歌词不是我写的，曲是我写的。其实最早写的时候，传奇的名字是定的，我开始写这首歌，就想写人那种际遇，就是人和人相识相遇，包括分手的恋人，我总觉得是注定好，就像我后来跟词作者的这种沟通，人和人之间是很难说清楚，什么时候遇到什么人，你跟这人待多久，但很多人最终会成为你生命中不可思议的传奇。比如说我小时候不太会想到，这小孩有可能会成为我生命中的伴侣，包括她上大学本科的时候，我也不会想到有一天她会读到博士，会有一天知道的东西比我多很多。

杨　澜：所以相反你们家她比较理性，你比较感性？

李　健：她上大学的时候她是文科，我毕业的时候，她考试的时候我也辅导过她，我都忘了，比如说线性代数啊，那个概率，那时候，我可能现学一两天我就可以辅导她。但是现在我发现她看的好多书，我都看不懂了，那些专业社会学，比如她在芝加哥念书，芝加哥那些学派，对我来讲完全看不懂。

李　艾：你有压力吗，老婆学历比你高啊？

李　健：没有压力。

杨　澜：反正已经娶回来了有什么压力。

李　健：她可能偶尔会安慰我说，你也相当于歌手中的博士了，在音乐上。

杨　澜：所以你看，这个女子，一听就是非常聪明的，她一直给老公一种尊敬。今天你跟我们分享了音乐带给你的种种传奇，改变人的命运，然后用你自己的体验和音乐，还能去打动这么多人，包括李艾，我觉得真的其实能够做音乐做艺术的人，是挺幸福的。你表达的是完全纯个人的东西，然而千千万万的人对你这种表达产生共鸣，然后认为你了解他，他了解你，我觉得这真是人的一种福分的。

李　健：对，其实音乐是有生命的，就像我可能创造了一个精灵，这个音乐是精灵这首歌，但是它出来以后又被千千万万喜欢它的人收养了，它就不属于我，属于那些喜欢它、能够珍惜它的那些人，很多歌我觉得我做完之后它也不属于我，我跟其他人一样，就是属于更多的人，每个人都拥有。

张一山

那些成长中的少不更事——张一山

张一山，之所以叫张一山，因为他是家谱的一字辈，又属猴，家人希望他能够一直有山爬，所以取名张一山。而这只猴子在继攀爬上《家有儿女》这座山峰之后，现在更是在向北京电影学院发起冲击！

编导手记

在今年全国946万考生参加高考的庞大队伍中，还有这样一群特殊的人物：他们或许很小就被众人所熟知，他们多才多艺，他们的生活方式和普通人无异，他们的生活内容却承载着很多常人所不能想象的。他们的高考被太多人所关注，但太多人忽略了他们其实首先也只是个孩子、是个学生。本期《天下女人》，张一山、蒋方舟做客，讲述他们的高考故事，这些是否也是你所曾经历的？爆笑的插曲，幽默的对白，跨越年代的火花，只是因为一次高考，60后、70后、80后、90后齐聚《天下女人》，讲述青葱岁月的燃情故事。

节目现场，张一山大秀Popping。曾在韩国学习有半个月的张一山在现场不仅秀了他的舞技，还与有着“拉拉队总教头”之称的守镇PK起了健美操。令人没想到的是张一山居然还曾是国家二级运动员，并在全国锦标赛上拿过健美操第二名的好成绩。

邓鹏

这“该死”的高考

杨　澜：今天我们要谈论的这个话题，在中国真的是广受关注，这就是高考。我看报道说，今年全国有946万考生参加高考，这是一个什么样的概念呢?

李　艾：我觉得这不仅仅是946万人，而是946万个家庭，你想想一个考生有一对父母、四个老人，这一乘起来大概是八千多万人。

杨　澜：八千多万人哪?

赵守镇：比韩国人口还要多。

杨　澜：所以说高考真是涉及很多的孩子和家庭。在今年的946万高考考生中，有一些是明星考生。他们已经有很高的知名度，记者都会在考场内外围着他们拍，今天我们就请到今年参加高考，曾经主演电视连续剧《家有儿女》的张一山，与他一起出现的还有另外一位天才少女，就是两年前高考的，现在就读于清华大学新闻系的文学少女蒋方舟，有请两位。

李　艾：先给大家看两张照片。

张一山：那个老奶奶是在考试之前，我进考场之前，她在那举个牌子，上面写着“一山加油”，然后给我看。

杨　澜：你认识他吗?

张一山：我不认识。

杨　澜：她怎么知道你在那个考场，而且是今年考呢?

张一山：我也不知道，反正很多人都知道吧。

杨　澜：你那时候的感觉是什么?很不好意思吗?

张一山：挺不好意思的。

李　艾：压力特大吧?本来自己考一个试，家里人已经够压力了，粉丝还给你压力。

张一山：反正好多人都来，然后都比较关注我嘛，所以我还是压力挺大的。

杨　澜：有多少人呢，当时？

张一山：反正学校门口全是人。

杨　澜：就是得有几百人。

张一山：对，可能有家长在等着其他考生，但是也有很多是在等我的。

杨　澜：然后你一出来，大家就欢呼，是这样吗？

张一山：对。就给我拍照片什么的。

李　艾：有来问你说考得怎么样的吗？

张一山：有，有很多。就比较混乱地，问我考得怎么样？有很多声音都在问我，我就说挺好的，挺好的，我也不知道跟谁说的。

杨　澜：方舟也可以回忆一下，两年前高考是吧？方舟因为在中学时代就已经是有小说出版的文学少女，所以你在高考的时候，当时也有一些记者来围观是吧？你给我们描述一下那个情况吧。

蒋方舟：我印象很深刻，第一门是考语文，但是我语文考得很烂，特别是我高考作文，写完之后我就知道肯定写得不好，出来的时候我心情很差，然后结果就看到很多很多记者开始冲上来问我，作文题目是什么？你作文写得怎么样？能不能现场把作文背诵一下呀？就开始提很无理的要求。然后我在人群之中，终于恍惚看到了我的父母，然后就跟我父母一起沿路走到一个路边的小饭馆，打算在那儿吃完了以后，下午就直接去考试。没想到一个记者架着一台摄像机，跟进那个饭馆——直播整个我和我父母点菜的过程，并且点评我们的菜色，说什么醋熘白菜，不利于大脑之类的，这个我印象很深刻。然后我和我父母在聊一些考试的内容时，他就想知道我和我父母聊了什么，所以整个第一天就是很不愉快的经历。最后一天的时候，我记得那天下大雨，考完本来心情还很高兴，结果也是出现很多很多记者，本来我想找到我妈抓起她赶紧走的，结果我和我妈就被记者和人群隔开了。我就看到其中有一个记者，把我妈推倒，然后我妈就坐在那个水坑里面，也没有伞，雨就一直淋。

杨　澜：天哪，简直让人悲愤。

张一山：太惨了。

蒋方舟：我当时就心如刀割嘛，然后那个时候记者就给我爸爸递了一束花，让我爸送给我，让我再跟我爸表演胜利地击掌，以及他欣慰地亲吻我的额头一系列的。我当时就觉得为什么命该如此？我有几次，对我的整个被关注的身份，有点自怨自艾，可能那次是比较明显的，就是高考之后。

杨　澜：一山的理想是北京电影学院是吧？

张一山：对对对。

杨　澜：分数已经知道了吗？文化考试和艺术考试？

张一山：对。

杨　澜：能给透露一下吗？

张一山：反正就是今年的艺术类院校的分数线我高出很多，所以就应该没有什么问题了。

杨　澜：那艺术考试本身呢？

张一山：艺术考试本身，就是专业课的考试，差不多排名在中等偏上吧。

杨　澜：所以现在对能够进这个大学心里已经比较有数了是吗？

张一山：对，还好。

蒋方舟：我还是挺好奇艺术考试的内容的，就是艺术考试的专业课大概考什么呀？

张一山：专业课就是声乐、台词、形体，还有表演都要考声、台、形、表。

李　艾：那你之前怎么准备？会告诉你一个大概范围吗？

张一山：就是一试很简单了，因为第一次考试嘛，就是很多人来考，所以就自己准备一个散文或者是诗一类的东西，或者一个故事，自己背诵下来、然后表演出来。

李　艾：你准备的是什么？

张一山：我准备的是——我考完了，我都给忘了。

杨　澜：您老八十多了？

张一山：是一首古诗，还有一篇散文。然后说两句，其实就是背诵几句，然后他就叫停了。看你一个感觉，如果他觉得你感觉很好就差不多了。

杨　澜：你到底是念了什么诗和什么散文呢？

张一山：一个是《团泊洼的秋天》，郭小川的。然后还有一个是朱自清的《背影》。考完这个后，大家再做个集体小品，第一试就完了就OK了，然后就等通知能不能参加复试、参加三试。

杨　澜：复试是什么？

张一山：复试就特别全面，你要准备歌曲，要准备自己的形体，还有台词啊，声台形表全都考一遍。

李　艾：那还有第三次考试吗？

张一山：第三次考试，就不用准备了，都是学校给你出题，或者让你做集体小品等等。

杨　澜：你抽到那签是什么呢？

张一山：我抽到的就是有大家做集体小品；有自己要读，他给你发的那些文章，要特别有感情的。

杨　澜：你扮演一个什么样的角色呢？

张一山：经常是有什么冲着，比如说一个无实物的小品，就是冲着他告诉你，面前是个大楼，然后好几十层高，上面有你的一个朋友，他的名字和你自己的名字是一样的。要喊他，然后要把自己的情绪，就是你喊这个名字，要让考官知道，你为什么喊他，你喊他是因为什么？

杨　澜：多难呢？

李　艾：那你喊一个？

杨　澜：你喊一个，你怎么喊的？

张一山：就是要很高嘛，我就带着气愤的感觉，可能他欠我钱，可能他对我做了一些什么不好的事情，张一山特别愤怒地就要大喊，我记得嗓子都喊哑了。

杨　澜：你能给我们示范一下吗？

张一山：张一山——张一山你给我下来，张一山——我不能再喊了，再喊我脑溢血了。

杨　澜：这的确是欠钱了，对，的确是欠钱了。

赵守镇：这样的考试我觉得很简单，早知道我也考北影。

蒋方舟：我觉得很辛苦啊。

赵守镇：辛苦吗？你觉得辛苦啊。

杨　澜：方舟那时候接受过什么特别的考试？

蒋方舟：我那个时候就是面试嘛，自主招生的考试是 6 个老师。

李　艾：你为什么要经历面试？我们高考的时候都没有面试。

蒋方舟：对，因为我是在高考之前半年，参加一个自主招生的考试，就通过那个考试，可以在我高考分数之上加 60 分。

杨　澜：那么多呀！

蒋方舟：对对，所以很多。但是我看到他这样，觉得比我当时辛苦多了，因为还是需要体力活。记得我高考的时候，大家高三都变得好难看啊，也不修边幅，整个开始发福，开始不洗脸，整天都是熬夜，面有菜色，那个时候我们特别羡慕艺术考生，就觉得他们仍然整天光鲜亮丽地从各种舞蹈室、形体室之类的出来，觉得在高三还能维持美貌，是一个很幸福的事情，但是我看到他刚才这样子、这样的体力劳动，我觉得也是蛮辛苦的。

杨　澜：那个时候考官面试你的时候，有没有提一些，让你意想不到的什么无厘头的问题？

蒋方舟：比如有一个老师就问我，说江西为什么叫江西。

张一山：因为在江的西边。

杨　澜：然后他会问是什么江？

蒋方舟：对，他问我这个江指的是什么，因为我真的是不知道，然后我就说不知道。因为我觉得很重要的一个，不能说诀窍吧，至少我的一个原则——就是不知道也不要蒙骗老师，或者是你扯一些有的没的，显示出来俨然是你的心虚，我觉得不能做这样的事情。我就说不知道，然后那个老师就说，你连这个都不知道还想上我们清华……然后我当时在内心，就真的是已经哭得不行了，大概低头的一瞬间，就已经把自己的眼泪咽回去，又继续抬头接受拷问。后来我查大概《新唐书》的第几卷、第几册的第几行里面，有写江西叫江西，是因为它在江南的西边。

李　艾：江南的西边？

蒋方舟：对。

张一山：我答错了。我以为是江呢。

蒋方舟：对，它不是什么长江、赣江、珠江，就是因为它是在古代江南的西边所以要叫江西。

杨　澜：真太难了，真的要问我们，我们也不知道。

蒋方舟：所以其实我觉得，像我们这种可能经过额外考试的学生，在高中特别在高三，应付这种日常的习题、练习之外，可能以为有一个什么样的保证加分会更好一些。但是我觉得这种要把自己分裂出去学习一些另外的知识，包括喊话，练声音，还有背课文，我觉得这些其实是挺额外的，而且负担挺重的。

美貌与智慧并存的女人们

杨　澜：李艾是理科生是吧？

李　艾：对，我是理科生。而且我读高中的时候，我的理科比文科成绩好太多，所以我印象最深的就是高考的语文，第一、第二道题我都别想拿分。

杨　澜：为什么？

李　艾：第一道题考拼音。你看拼音都来了。因为我是广东人，那时候更糟糕，我 z、c、s、zhi、chi、shi 不分，前鼻音、后鼻音不分。所以我看到拼音题我就疯了，而且那个题只有一分，我说不要了不要了，然后第二道题是考错别字，一般来说我只有 50% 的几率能够蒙对那道题，所以第一、第二道题我都拿不到分。

杨　澜：所以直接做最后一道题就可以了。

李　艾：那倒不至于。

杨　澜：你那年作文是什么？

李　艾：我真不记得了，因为我一理科生，我对文科考试，只要它能够在一个基础范围以上，我的成绩就应该能不错。

赵守镇：你的高考成绩是多少？看起来你成绩应该很低的。

杨　澜：为什么你说人家成绩很低的，因为她很漂亮？

赵守镇：对，大美女嘛。

杨　澜：这是对漂亮女生的误解。

李　艾：你知道什么叫做美貌与智慧并重吗？还好那年高考，我是超过第一类本科分数大概二十多分，成绩不错的还是。

李　艾：您哪年高考呢？虽然有点久远。

杨　澜：不要给我这种自我炫耀的机会。

李　艾：你看我这托着你呢。

赵守镇：你是六百多少？

李　艾：六百多一点，我都忘了，六百一十几吧好像。

杨　澜：它是这样的，要给我们韩国朋友介绍一下，中国的高考好像，每隔若干年，那个总分就不一样。你那个时候总分已经多少了？

李　艾：我都不记得了。

杨　澜：就比如说我是 1986 年高考，然后我们那一年，我记得总分是 640 分，现在总分是多少了？

张一山：750 分。

杨　澜：我们那个时候是 640 分，我的总分是 568 分，大概在北京排到前 20 名。

李　艾：美貌与智慧并重。

杨　澜：不要给我这种炫耀的机会。

李　艾：守镇好像在韩国并没有参加高考，对不对？

赵守镇：对。

李　艾：你如果要是高考的话，会不会要考艺术院校？你还是多才多艺的。

赵守镇：我没有压力，我在韩国没有考试，因为我不上大学，我活得没问题，可以当很好的健身教练，是这么想的。

李　艾：就那时候你已经算是一个健身界的小明星了。对不对？

赵守镇：对，但是我心里其实一直——如果是有机会考试的话……

李　艾：那你就考艺院了。我们出一个考题，你跟一山一起，然后让你来演一个妈妈。也就是说一山，守镇是你妈，她希望你考清华，但是你不干，你一定要考艺术院校，你们两个中间发生了争执，来吧。

杨　澜：要演一下是吧？

赵守镇：我是觉得没问题，但是可能一山刚才挺意外嘛，这么年轻怎么会演他的妈妈呢?

张一山：对啊，这种表情应该演姐姐。

杨　澜：她早恋，所以才有这样的事情。要不要准备一下，我们这个《天下女人》情景剧，艺术院校考试，准备，开始。

赵守镇：宝贝，今年打算考哪个大学呢?

张一山：我想考北京电影学院吧。

赵守镇：什么?再说一遍?

张一山：北京电影学院。

赵守镇：清华大学多好啊?连那个学习不好的邻居蒋方舟她也考上了去年。你看你爸做金融的，我们家那么多的财产谁管理呀?你应该学金融。

张一山：问题是我学习不好嘛，然后我又喜欢表演、喜欢电影，所以我就想去完成我的梦想。

赵守镇：你学习不好没关系，还有六个月的时间，你很聪明，你像我嘛，六个月搞定，看看演艺圈的女孩子多坏呀，一个比一个差，你在这种圈子里生活真的很不开心的，竞争很激烈的。

张一山：没事没事，我是男生嘛，我觉得我进演艺圈还是挺适合的。

赵守镇：为什么呀?

张一山：我喜欢，我喜欢演戏，我喜欢表演嘛，所以我就想完成我的梦想去考艺术学院。

赵守镇：你演什么呀?

张一山：我演刘星啊。

杨　澜：其实我觉得在高考前后，妈妈是很难的，对吗?因为孩子有很大压力，所以就希望吃好一点，鼓励他考分又怕给他压力啊。所以你们两位能不能够描述一下，高考前后，你观察到妈妈的这些行为，有没有让你觉得很啰唆?

张一山：还好吧，因为我母亲是一个，说实话平时确实挺唠叨的一个人，她什么都要管我，因为妈妈对我肯定都会比较细心一点。考试的时候，她就是给我尽量把饭做清淡，叮嘱我每天吃钙片、吃维C，然后吃很多保健的食品嘛，给我剥核桃吃，补脑嘛。

杨　澜：对对对，补脑。

张一山：听说是补脑的。

杨　澜：反正临时抱佛脚，补补看吧。

张一山：对，补补看吧，然后我确实挺用心的，也确实挺辛苦的。那我压力更大了，所以就必须得考一个比较好的成绩来回报她。

杨　澜：其实方舟看上去，有点像很叛逆的女生，但是在高考那时候，会不会也能够体谅父母的这个苦心？

蒋方舟：因为我高中是在外地上的，所以我父母就只有通过电话来跟我联系。我记得我父母应该是反面教材吧，我觉得如果我现在没考上大学或者干嘛，他们应该以后会出现在《法制时空》之类的节目里面，因为真的是反面教材。我记得那个时候我妈妈给我打电话，她大概每半周会给我打一次电话，问一下我准备得怎么样？我们老师在家长会的时候，发了一个小本子，里面有家长的八大禁语，就是家长八句不要说的话。然后我妈每次给我打电话的时候，她就照着那八大句一条一条给我念，就是说谁谁谁这回排名多少。

杨　澜：然后说，你瞧瞧你什么的。

蒋方舟：对，你瞧瞧你，你对考什么什么大学有没有把握？有几成把握啊？你这回怎么又落后了呀？你分析一下自己的失误吧。她每次打电话，就照着那八大句禁语一条一条地念，所以我整个就觉得是个反面教材，可能在训练我的承受能力吧。然后我爸就更反面了，我记得高中有一段时间——大多数人在高考最后冲刺的阶段就选择回家，或者在外面租房和父母一起住，毕竟有父母的照顾还是好一些。而我是一个人，每天回到寝室就学，我自己觉得太辛苦了，所以，我就跟老师请假，我就回家了一周。然后那一周真的是地狱般的，我以为回家会好一点，结果没想到更痛苦。大概有一次吃饭的时候，瞥了一眼电视，然后我爸整个就开始抓狂，他就说你高三了，你竟然还看电视什么之类的。我当时心情也不好，就回自己房间把门甩上了，然后就关了锁起来，我爸敲门，我就不开，他就在厨房拿了一把菜刀，然后他就开始砍门。

杨　澜：真的?

蒋方舟：真的呀，然后他就开始砍门，我听到他砍门，我就很害怕。我当时想法就是我要跳楼，我当时特别镇静地开始想，我要跳楼。然后我就骑在那个窗台上，那时候我就看到我们家一楼楼下，养了几只鸡。

杨　澜：你们家在二楼吧?

蒋方舟：我们家在四楼。我当时想如果跳下去的话，我死不要紧，我父母是不是还要赔他几只鸡。当时就是我最后的一点良知阻止了我跳楼的想法。我就趁我爸把门整个砍裂之前打开，然后就跟我爸心平气和地说了一句，当时我记得说的不多，最后一句就是我回学校吧，还是继续回学校复习。后来我暑假回到家的时候，就看到我爸在门上砍的那个地方，被我妈贴了一个很大的福字，想把它遮住，但是我知道那福字背后是什么。所以对我来说，高考不是一段特别愉快的经历，无论是我，还是我父母，感觉都是非常态的。我总觉得我父母非我父母，就是有那样的感觉，那一段记忆特别疯狂。

杨　澜：一山的父母，是比较仁爱那种吧?

张一山：比较开朗。

杨　澜：清风朗月的这种音乐给我们来点。

张一山：对，比较开明，没有那么暴力、那么狠吧。我从小母亲就是教育我，棍棒底下出孝子，我是在我母亲的棍棒底下长大的。

杨　澜：是吗？给你个机会控诉一下。

张一山：就是小时候很淘气，然后她就天天都要打我。

杨　澜：你都干了些什么？交代一下。

张一山：比如说上房，真的是上房揭瓦。我是北京人，我在胡同里长大，会跟胡同里的邻居小朋友要去上房玩玩什么的，或者踢球把街道的、居委会的玻璃踢碎。

杨　澜：你还能够把居委会的玻璃踢碎？

张一山：对对对。

杨　澜：就没有踢别人的，只踢居委会的？

张一山：对对对。

杨　澜：这个命中率还是比较高的。

张一山：很巧，对对对，然后就要去赔钱，我母亲特别生气。可能不是因为要赔钱生气，就是我老惹祸，然后天天就打我，每天都必须得打，真的是。

杨　澜：但是一般妈妈打儿子，都会选择一些不太容易受伤的部位。

张一山：NO。

杨　澜：NO？

张一山：NO，不是这样的。

李　艾：是真的像我刚才那个揪耳朵吗？

张一山：那太轻了。

李　艾：真的？

张一山：真的，我小时候不是特别爱吃饭，然后妈妈做了一大桌子菜，特别丰盛，费了很大劲，但是我不吃。当时她很生气，所以她就拿着那个筷子，一把。当时是在姥姥家，一把就往我脑袋上就啪，碎掉了，然后全都断了，满桌子都是。然后拿盘子要砸我的脑袋，我就顶，但是我没有事，真的，我胳膊肘一顶吧，然后盘子就碎了。

杨　澜：你练过什么功？

张一山：我没练过什么功。就是小时候可能身体比较硬，身上就是骨头，没有肉，你知道吗？所以就老挡老挡，我反应比较快。以至于后来我妈妈跟我说话，特别逗，现在还记忆犹新。就是她要跟我说一个事情，她坐在我的旁边，她说张一山，她一挠头，我就用手护着头，真的是这样，很长时间是这样的。小时候不懂事的时候，她一抬手，我以为她要打我，其实她是挠一下头。

赵守镇：爸爸呢？一起打吗？

张一山：爸爸从来不打我，爸爸就是跟我聊，更像哥们儿一点。

李　艾：讲道理？

张一山：对，他觉得小孩儿调皮，其实是一件不是特别不正常的事情。

杨　澜：对，但是我现在发现在家庭里面，爸爸经常扮演那个叫什么红脸，然后恶人都让妈妈做，我们家也是这样。

李　艾：真的？

杨　澜：对，我爸爸回来就是宝贝亲一个，完了，这妈妈就得说，作业呢？考试呢？排第几啊？总之就是刚才蒋方舟说那些讨人厌的话，基本上都得让妈妈说。

江湖上没人把你当小孩

杨　澜：你知道，现在看《家有儿女》有种特别恐怖的感觉。

李　艾：真的，就是看着童星长大，最容易感受时间飞逝，你看在那戏里头，觉得一点点大，你现在都已经成一个大人了。

张一山：那会儿特别矮。

李　艾：我一下子觉得我都老了。

杨　澜：你没事，你上面还有我呢。

赵守镇：中间还有我呢。

杨　澜：我也是，我看到张一山去高考的照片的时候，你知道我第一个感觉是什么？我得赶紧多跟我儿子在一块，因为我儿子只比他小四岁。然后我就在想，四年以后他就那样高了，他就那样沉默和深沉了。我的天哪，他就不需要我了。作为一个母亲，我顿时产生了这种前所未有的焦虑和抓狂的感觉，然后回去就抓住我儿子的手说，儿子你慢点长啊。

李　艾：但是看到那个 VCR，我还真的很佩服你，特别是演那个小刘星的时候。台词好多啊，什么守则第一条，第一条就那么长，你那个时候背得下来吗？

张一山：说实话我们几个，我们一家人背台词真的太快了。

杨　澜：是吧，就是大家比谁背得快。

张一山：就是最后拍顺了以后，每天有剧本，其实说实话，真的是扫一眼大概意思。因为拍这种戏之前，都会有一个对词间，这场演员全都到位，导演、场记、导播全都在一块去谈这个剧本，对一遍词，对完以后，进了摄影棚，带着机器走一遍，然后就开始拍了，词就读两遍，就 OK 全记下来。

杨　澜：真的，有没有这种即兴发挥，然后互相搭着那样？

张一山：我们经常会这样，导播经常就不知道怎么切了。

杨　澜：就不知道下边要说什么了。

张一山：对，词就很多，反正我们最后已经培养到，只要你能够说出词来，我就能接住，然后把话再递回来，反正这个场我们能给圆回来。

杨　澜：真的？给举个例子吧。你还记得有没有哪场戏让你印象很深的，就是大家都演开了，然后根本就不照本子来了，把导演弄晕了的那种。

张一山：有很多大家在一块耍呀、跳啊什么的，大家也是坐在一块儿，一家人来谈论个什么事来着，还有里边演我亲爸的那个人来了，他也得演。

杨　澜：对对对，那叫什么胡。

张一山：胡一统。

杨　澜：对，胡一统，对对对。

张一山：他也特别狠，他演得也特别好，所以我们一块儿。导演完全在监视器前就乐喷了，然后大家玩儿得特别开心，导播已经说停了，咱们再把词顺一遍吧，他已经不知道该切谁了，特别好玩儿。

蒋方舟：我看了刚才那一连串，真的觉得童星好辛苦啊。因为我记得好像是秀兰·邓波儿有一句话，她说我生下来之后，就迅速完成了我的童年，然后我就开始工作了，我觉得这应该是道尽了所有童星的辛酸吧，有辛酸吗？

张一山：此处可以落泪。

蒋方舟：还可以陈述，因为我真的觉得，主要是那么多的非议，包括对你的评价，可能你很小的时候，就要挺身而出，甚至都要替你的父母去承担非议也好、指责也好，特别是江湖上是没有人把你当小孩儿的。所以我觉得这个应该是挺辛苦的一件事，求证一下？

张一山：江湖上是很少有人把你当小孩儿。

杨　澜：你们俩这种情况，情路会不会比较崎岖啊？

蒋方舟：我完全是以我自己的血肉经历，来做一个抛砖引玉的工作，比如在学校里面，就曾经有一次。因为我在学校里面，至少大家知道我的名字，但是不知道我长什么样子，因为我很宅嘛。有一次我是骑自行车，前面有一个男生也在骑自行车，他就不断地回头看，不断地回头看，然后我当时就心下一喜，难道说因为我在清华算真的可爱的。但是后来又开始自我怀疑说，可能他只是把我认出来了，原来她就是蒋方舟，就在我自己还在心里斗争的时候，我就看到他撞到一个柱子上，然后他整个就人仰马翻了。

杨　澜：然后你就从他身边骑过去的吗？

张一山：对，还是踩了他一脚呢？

蒋方舟：没有，我就骑过去了，但是这个事情我觉得挺悲哀的，当然不是悲哀他摔倒这件事情，我是悲哀说自己难道大学四年，或者是以后的漫长岁月里面，都要不断地处于这种疑心的过程中吗？就是他喜欢的那个或者是大家喜欢的那个，到底是公众眼中的我，还是公众塑造出来的我？是我为公众表演出来的我，还是因为他看到我本身？

杨　澜：聪明孩子吧就是这点不好，自己跟自己过不去。你这时候就需要张一山给你出点建议。来，一山。给这种那么纠结的女生出点主意。

张一山：我这个——我也不是过来人——我没法出。我觉得这事吧，怎么说呢？其实我也不知道怎么说。但是这个，反正看见自己喜欢的就上呗，反正我是这个感觉，这个想法。

李　艾：那你碰到过自己喜欢的人吗？

张一山：有。

李　艾：真的，那你上了？

张一山：没，你知道，没上成。不是说因为她疑心，因为可能现在还不能有女朋友。

李　艾：为什么不能有啊？

张一山：因为18岁之前吧，大家都把18岁当成一个特别大的分水岭，可能18岁之前，有很多比较守旧、比较传统的人，会觉得你交朋友是早恋或者怎么样，会有人说你。

李　艾：你还真挺乖的。

张一山：然后父母也说，等你上大学以后吧，我就不再管你了。但是上大学之前，你一定不可以交女朋友。

李　艾：那你喜欢的那人是什么样的呢？

张一山：就活泼一点，是吧？就是爱运动。

赵守镇：说我吗？运动范儿的。

无与伦比的美丽

赵守镇：去过韩国吗？在我的祖国待了多长时间？

张一山：待了半个多月吧，小一个月可能。

赵守镇：印象怎么样？美女特别多是不是？

张一山：我觉得特别好，也是比较有趣的事。我去韩国学跳舞嘛，然后我和我公司的人一块去买衣服，我忘了在哪买衣服了，反正很多人，因为我比较适合穿韩国的衣服，比较瘦小的那种。很多衬衫都比较瘦小，我能穿，去买衣服，然后很多韩国人叫刘星，我特别诧异。

杨　澜：真的吗？

李　艾：真的？

杨　澜：就《家有儿女》翻成了韩语版？

张一山：我也不知道为什么，他们就知道我是刘星。

杨　澜：而且他是用汉语说出来？

张一山：对对对，然后我就不好意思找他打折什么的。

赵守镇：你应该跟他要打折。

杨　澜：对啊，你说你都知道我名字了，更应该打折。

张一山：不合适啊，不好意思了。

赵守镇：在韩国学的什么？

张一山：学的跳舞，Popping。

李　艾：那来一下。

张一山：我跳得不好。

赵守镇：没关系。

李　艾：没事。

杨　澜：肯定比我们四个强。

李　艾：对，我们都不知道是什么。

杨　澜：真的，我也不太懂什么叫Popping。

赵守镇：还说不好啊？

李　艾：很好啊。

赵守镇：蒋方舟来一个。

蒋方舟：完全不行，完全不行，肢体障碍。

杨　澜：知道成天待在电脑前有什么坏处了吧？

蒋方舟：好羡慕。

杨　澜：人家就是喜欢运动型的，你就成天在那儿码字。

蒋方舟：老了老了。

杨　澜：对呀，容易耽误青春的。

张一山：其实这个很累的，这东西特累。

李　艾：是猴拳累还是这个累？

张一山：这个累，因为这个是要内力，你就浑身都要抖。

杨　澜：其实一直都控制。

张一山：对，你得动。

李　艾：那你还会打你那猴拳吗？

张一山：猴拳，其实我学的不是猴拳。

李　艾：学的是什么？

张一山：我长得比较像猴，大家会觉得我打的拳像猴拳。

李　艾：那你学的什么拳啊？

张一山：就是因为从小练，其实我也练过健美操的。

赵守镇：来一个，来一个。

张一山：我呀？

赵守镇：我们都要看健美操。

张一山：我，我也挺牛的，我是国家二级运动员，我也拿过全国锦标赛第二名。

赵守镇：健美操啊？

张一山：对对对！

杨　澜：她跟你一起，来来来。

张一山：不成，我是青少年的，我可能和成人的没法比。

赵守镇：我也是从青少年学的。

杨　澜：她也是青少年，她也是青少年。

赵守镇：来，我学你，我没学过中国的。

张一山：我的动作都忘了，你知道吗？

赵守镇：从踏步开始，踏步，右腿开始。

张一山：咱们俩学的好像不是一个范儿的。

赵守镇：往前走，往前。

张一山：你学的是健美操吗？

赵守镇：对，健美操。

张一山：我们学的还有这个。

李　艾：托马斯全旋吗？

张一山：对。

赵守镇：太厉害了。

杨　澜：守镇，你刚才那些什么健美操的动作，那么舒缓的像老年健美操。

张一山：对，其实我们的那个健美操比赛是放一段音乐，然后三四分钟，有点像自由体操那种。

杨　澜：你给自己编排动作？

张一山：对对对。

赵守镇：你是自己参加比赛吗？

张一山：对对对。

赵守镇：我为什么没选择那种竞技健美操。

张一山：对对对，竞技健美操。

赵守镇：假如我们做仰卧起坐的时候，我们这么做就可以了吗，偏偏是这样。

张一山：对对对。

赵守镇：特别夸张你知道吗？

张一山：因为我练的是竞技健美操。

赵守镇：对，竞技健美操，参赛的那种。

杨　澜：真是让人刮目相看。原来只是认为是童星，人家绝对是有这个，这个叫什么出处的，人家曾经学过诗、出过诗的。

李　艾：我还是对那个拳感兴趣，你那拳到底是什么拳？不是猴拳？

张一山：长拳，就是自己要，因为长拳我们强调要自选拳，就是必须自己编的一些拳，自己做。

李　艾：那还能麻烦你拳一下吗？

张一山：反正今天来就累一下。

杨　澜：运气、表情。

赵守镇：我觉得他特别谦虚，我以为是他比画比画而已。

杨　澜：真的，人家真是有功夫，不是说只是说几句台词而已，真的是令人刮目相看。其实最后一个问题，有很多童星小的时候很有名，但是到大了以后呢，却不是那么出色了，或者说也不一定找到特别适合自己的职位或者是角色等等的。所以这样的一段经历，会让你们对成长有一点担心啊，有一种畏惧感吗？

张一山：没有吧，因为我喜欢拍戏、做演员。我不是想出名靠我的名声，赚很多很多钱，家里也不是靠我来维持生活。是因为我喜欢，然后父母也非常支持我，真是有幸拍《家有儿女》，让我被那么多人知道，我没有想到今天我能这样子。所以我觉得已经很幸运了，我真的有点儿太顺了，一直就是比较好，然后我觉得以后肯定会要遇到挫折、遇到坎坷。

杨　澜：真可怜，我觉得我们所有教育，就是父母在吓唬孩子说，准备好坎坷。

张一山：不不不，我自己都这么认为，因为我觉得人吧，你一路都特别成功，我觉得这个好像太难了，而且不可能的事情。

李　艾：而且也少了一些生活体验。

张一山：对对对，没劲了，我希望我的生活能够像大海一样起起伏伏，比较有意思。

杨　澜：那你应该叫张一海。

张一山：对，我觉得那样比较有意思。

杨　澜：没事，山也是有起起伏伏的。没关系，咱们都有起起伏伏。

蒋方舟：反正我刚刚听到他说他已经预料到未来有一些坎坷，包括他觉得他自己过得太顺的时候，那一瞬间感觉好帅呀。

杨　澜：是不是你突然觉得这个男孩儿很有深度？

蒋方舟：我只是觉得就这样的神情，我从来没有预料到会在一个可能十几岁的人脸上看到，为什么可能我对童星确实是有一些……包括我自己来说，会有一些怨言吧。但是我觉得怨言跟你最后的后悔，还是两回事。我看到他刚才展现的一系列功夫，我整个震惊到，是因为我真的觉得，他一年里面学到的真的是别人花十年的时光学到的。然后他三个月拍戏，他感受到的快乐，可能真的是别人大概也是要十几年的时光才能享受到的快乐。我觉得他人生过得真的是一段一段、压缩了的很精华的时光。就算未来某段时段它稀释了，没有那么精彩、没有那么紧凑了，我觉得又怎么样呢？其实人最后过的是一段一段经历，而不是一段一段稀释了的平淡的日子，我觉得有这些经历就够了。可能他在整个过程中，从12岁拍戏到现在，学到的自省，包括对自己的期许、学到的负责任，我觉得这些可能，也是别人要花几十年的时光学到的，反正我觉得很厉害。

董洁、潘粤明

执子之手，与子偕老——董洁、潘粤明

董洁和潘粤明，是手牵着手来现场的。李艾“嫉妒”地问，你们俩是走哪儿都牵着手吗？董洁调皮而骄傲地说，是啊。正如“牵手”这个词带给人们的简单而美好的感觉，董洁和潘粤明的爱情，就像他们说的那样，很简单，很美好，很幸福。

编导手记

在得知本期嘉宾是董洁和潘粤明这对夫妻的时候，我真的是期待。当潘粤明牵着董洁的手出现在我面前的时候，我竟然恍惚了一下，他们真的很美。李艾说“你们俩好像从画里走出来似的”。而且，他们俩的爱情故事还真的很传奇，潘粤明扮演过《白蛇传》中的许仙，董洁扮演过《梁祝》中的祝英台，难怪杨澜说他们俩是一对真正的“神仙眷侣”。

刚坐进《天下女人》的嘉宾席中，潘粤明还稍微有些不适应，刚巧音频还连连出问题，弄得在场的工作人员紧张兮兮的。潘粤明也说自己是有一些紧张，“因为《天下女人》里只有我一个男的呀”。杨澜指了指他面前的酒杯说，“要不您喝点酒，壮壮胆儿”。潘粤明却说，“这要比我在家好多了，要不我怎么能是‘跪族’呢”。主持人和嘉宾的一唱一和让在场所有的人都轻松了下来。

当话题落到家庭的时候，潘粤明承认两个人的磕磕绊绊肯定是有的。杨澜很好奇董洁的婚礼，原来他们俩的婚礼，竟然是董洁一个人操办的。在这个低调得不能再低调的婚礼中，董洁说他们只邀请了两家的亲人，加起来可能也就 80 个人。李艾坏坏地问：你邀请潘粤明了吗？

对比切尔西·克林顿的婚礼，杨澜问董洁：“你不想要这样的世纪婚礼吗？”董洁说：“对比物质，怎么想都没有意义。对于女孩子来讲，还是男主角最主要，只要我喜欢我的男主角，无论是怎样我都是幸福的。”李艾总是替董洁抱不平，连连逼问潘粤明：“你知道女孩子对婚礼的梦想是多么憧憬的吗？”面对无语的董洁，潘粤明无奈地说：“但是她间接地完成了我要举办一场简单的婚礼的梦想。”

面对一桌子红红绿绿的蔬菜，潘粤明倒是很淡定，“反正你们要是把过程搞得很复杂，受罪的是你们”。你敢吃他们做的大拌菜吗？在活动刚开始，潘粤明就狂呼自己没洗手。接下来的环节当然是主持人试吃了。在试菜的时候，我们几位金牌主持人竟然相互谦让起来，谁也不想第一个吃，杨澜说“怎么跟吃河豚似的”。到底滋味如何呢？你们猜！

周扬

她成全了我想要的婚礼

杨　澜：大家知道在我的两个搭档当中，守镇虽然是韩国人，但是因为来了中国十几年，对中国的文化也是相当的了解，比如说谈到中国的爱情故事，有一些比较有名的传说，你都知道哪一些？

赵守镇：知道的不是特别多，但是知道《梁祝》和《白蛇传》。

杨　澜：《白蛇传》，对，其实这两个故事都堪称是中国浪漫故事的经典，很有意思的是今天来到现场的两位，他们一位是许仙，就是《白蛇传》的男主角；一位是祝英台，又是《梁祝》的女主角，我现在就不知道祝英台碰到许仙，会产生一种什么样奇妙的化学效果？我们就有请这两个角色曾经的扮演者，也是在我们现实生活当中的一对明星夫妻——董洁、潘粤明，掌声有请。

李　艾：他们好甜蜜啊。

杨　澜：对，牵着手出来，人家说神仙眷侣，大概是说他们俩的。所以这个祝英台碰到许仙以后，就变成了董洁和潘粤明，这个就是一个结果。

李　艾：你们平时都是牵着手吗？看你们两个像画里头走出来的情侣一样，牵着手走过来。

董　洁：比较多，像平常我们工作的时候，或者生活里面都是这样的。

李　艾：工作的时候也牵着手啊。

董　洁：不拍戏的时候，两个人就牵手，就在组里面炫耀一圈过去了。

杨　澜：其实我一开始，对他们俩特别好奇的是，他们俩那个婚礼特别简单，而且呢，据说是只有一个人来操办的，这个在很多人看来非常不可思议。

李　艾：一个人的婚礼，是吗？你邀请潘粤明了吗？

潘粤明：我是伴郎。

杨　澜：我参加过一些婚礼，我发现其实婚礼当中的各个细节，需要准备的特别多，工作量特别大，所以董洁那个时候是请专业的公司来操办的吗？

董　洁：没有，好多事情都是我自己去做的。

李　艾：那很琐碎啊，包括婚礼上，应该用什么样的杯子喝酒，喝什么样的酒，什么牌子的，花应该怎么放，都是事啊。

董　洁：尽自己所能吧，很多事情我顾及不到，你像说用什么杯子，我就顾及不到了。我只能是说，我想选什么样的花，然后现场是不是要有那种花做的拱门，有几个花球在那儿，背景是什么样的，座位是什么样的，铺什么样的桌布，什么样的椅子，好像就是这些乱七八糟的事情就我一个人就定了。

李　艾：你一个人在定这些的时候，有没有对潘粤明产生一种埋怨，哪有婚礼是一个人来筹办的，男人干什么的？

董　洁：他在工作啊。

杨　澜：你为什么选择在结婚的时候工作？

潘粤明：当时是接了一个电影，叶大鹰的《天安门》，当时已经定了，因为亲戚都已经通知了，一块去参加这个婚礼，我就特别矛盾，我不知道我应不应该上这个戏。后来接这个戏的时候她一点都没犹豫，她说你一定要去，这是一个非常好的机会，剧本也很感人，然后我签这个戏的时候，唯一的条件就是结婚能给我三天假。

杨　澜：谢谢你还是决定来参加这个婚礼，要不然你打算让我们董洁跟谁站一块去啊？

潘粤明：对对对，后来我们商量最后还是开始拍戏了。

杨　澜：三天的假你回来以后，看到董洁把这一切都操办完了，你那时候是什么感觉啊？

李　艾：什么滋味啊？

潘粤明：我们俩都比较简单吧，我们俩自己开车去的婚礼现场，真的。

李　艾：没有接新娘什么的？

杨　澜：接了，接了才能坐在一个车里。

董　洁：他开车嘛，那天我们往回走的时候，我跟他讲说，老公，我们应该坐在婚车上啊？

李　艾：对啊。

董　洁：不应该自己开车啊，他自己开车把我接走了。

潘粤明：我们是 11 点 18 分，然后我们迟到了，因为国贸堵车。

杨　澜：还迟到了。

潘粤明：国贸桥最高的地方，我们停在那儿，然后我就站在车外边看，什么时候车流能动，一个新郎站在车外面，特奇怪，开到了以后，其实已经 12 点多了。走的时候因为有记者，一直跟着，我们就左躲右闪，左躲右闪，基本上在二环上，就是跑来跑去，跑来跑去。

杨　澜：上演警匪片。

潘粤明：对。我们俩开车还挺好玩儿的，然后就把人家给甩了。

杨　澜：所以这结婚是新郎自己开着车去的。好像好多地方的婚礼，还有挺多民俗的，什么接新娘的时候要给伴娘们红包，这些俗礼你们都没有做？

董　洁：这些做了。

潘粤明：我是学影视制作的，我的同学全是搞导演摄像的。

杨　澜：他们帮你搞得很好。

潘粤明：对，他们早早地就陪着我，去接新娘了。我在门口唱歌，蹲着塞红包，塞得我都没钱了也没出来，快把我累死了。

李　艾：你没明白，伴娘就靠那时候挣钱呢。

潘粤明：是啊，最后也不知道这钱都跑谁那儿去了。

李　艾：其实潘粤明你不懂女孩子的心思，我觉得董洁可能没有跟你说得那么的明白，她怕你内疚。我小的时候，喜欢把蚊帐戴头上，假装自己是新娘子，真的。

潘粤明：在之前你先把蚊子的尸体弄掉。

李　艾：真的是，女孩子对婚礼的那种状态，就是自己的一个梦一样的，那种感觉，她等于是牺牲了她自己的梦想，去成就你的梦想，你明白那种状态吗？

潘粤明：但是她间接地完成了我想结一个简单的婚的梦想。

李　艾：我发现了。

杨　澜：为什么？

李　艾：因为我帮过我很多朋友去筹备婚礼的一些细节，所有的男生、老公都特别地无奈，特别地嫌麻烦。所有的太太都希望把这婚礼搞得多梦幻，多么完美，每一个细节都照顾到。其实你们这也是好事，要不然你们俩可能会吵一架。我就有朋友，因为一个杯子的问题，去挑杯子，老公站旁边，老婆问，老公，这杯子好不好？老公就说，嗯，挺好的。老婆说，为什么我说每一个杯子你都觉得好呢？然后老公说，那确实都还挺好的，你定就行了。老婆就急了，说到底是我结婚还是我们俩结婚，你都不给意见，到底还要不要结这婚！就因为一个杯子的事两个人吵了一大架。

潘粤明：结了吗？

李　艾：结了，特别不容易，一波几折，所以其实我发现男人都希望婚礼越简单越好。

杨　澜：但其实简单不一定不温馨。这里面有没有特别能够体现新娘子心思的这种细节？

董　洁：一个朋友做了一个 VCR，有我们相识到结婚的一些照片，我印象特深的就是结婚的时候，刚一上台没说两句呢，我就哭得稀里哗啦的。

杨　澜：最后这张照片是我们导演加进去的。

李　艾：你看董洁，再看一遍仍然感动对不对？

杨　澜：为什么哭呢？

李　艾：搞得我也好想哭。

杨　澜：你还是先找到一个人再哭吧！他们俩一块哭了。

潘粤明：她工作太久了，一直没看孩子，可能这个戏对我们来说太辛苦了，工作压力比较大，她又想孩子了，没办法。

李　艾：那当时婚礼是因为什么哭的呢？

董　洁：我们俩相识，然后到结婚，四年的时间，有好多好多很感触的东西，再加上自己筹办婚礼。

杨　澜：还是有点委屈？我们好像幸灾乐祸似的，对不起，对不起。

董　洁：不是。就是觉得，好多好多的事情，走到今天，作为女孩子来讲，你会觉得好像今天真的就是离开父母了，到一个新的环境里面，你属于另外一个人了，那种感觉。

李　艾：你已经踏入了人生另外一个旅程。

杨　澜：对，那这时候你妈妈要看到你哭，肯定她也受不住了，是吧？

李　艾：你爸爸应该也哭了吧？

董　洁：我爸爸特别特别感触。

潘粤明：我们两个，因为毕竟是一个很感动的时刻，而且说心里话，我因为工作的原因没有回来跟她一起忙碌这些事情，我还是蛮有歉意的。所以可能影迷都觉得，她这么一个小家碧玉的女孩子，然后不经风雨地嫁到我手里。

杨　澜：嫁到你手里，你应该说落到我手里。

潘粤明：落到我手里，结果还是人家自己办的，我其实也挺愧疚的，说心里话，而且她老讲我欠她一个婚假。我说我们俩一起，在哪儿都是婚假。

杨　澜：还挺能忽悠人家的。

潘粤明：还真不是，还真不是。

女儿是笑着出生的

杨　澜：今天我们可以让潘粤明稍稍表示一下自己的这种愧疚和感激之情，让他现场给我们做一个幸福大拌菜，然后我们要看看他们夫妻的默契度。如果拌得太咸了，也请你们尝尝。

董　洁：这儿这儿这儿，这是白的大生菜。

潘粤明：然后呢？

董　洁：揪出来。

潘粤明：我怕揪一地。

李　艾：没事。

杨　澜：没关系的。

董　洁：揪在这里，撕一撕，撕一撕。撕一点，好，可以了，可以了。

潘粤明：你老控制我的料，我手感都没了。

杨　澜：好像平时挺有手感似的。

董　洁：成了，咱们就这样了吧。

李　艾：董洁先闻闻吧。你觉得怎么样？香不香？

董　洁：我觉得还行，跟饭店的一样。

李　艾：董洁，你不能说谎啊，我特别相信你。

杨　澜：没有，他们现在是属于自我吹捧和相互吹捧的阶段。尝尝，李艾，怎么样？

李　艾：为什么这么咸呢？

杨　澜：怎么了？

赵守镇：酸。

李　艾：酸就对了。

赵守镇：不错，不错。

李　艾：还真的不错。

杨　澜：不管这个味道是不是适合每个人的胃口，我们的确要用掌声来鼓励一下潘粤明，让他在家里多做点事。

李　艾：你们俩在家里的那种状态是，我觉得潘粤明会撒娇多一点，你知道为什么吗？因为刚才做菜的时候他经常说，不行，我要这个，这是什么，特别像小朋友撒娇那种感觉。董洁反而就有点当妈妈的状态，不行，那个不行，你要拿这个。谁撒娇多一点？

董　洁：没有吧，其实他还是挺爷们儿的，家里什么事都是他负责，

潘粤明：纯爷们儿。

杨　澜：这年头真不容易，男人们都得声明一下这一点。

潘粤明：对，尤其是在女性栏目。

杨　澜：其实你看筹办一个婚礼，让一个女子去担当这中间的事情，很多的工作已经挺难为她的了。我觉得最难为董洁的是，居然生孩子的时候，潘粤明也不回来，像这样的男嘉宾居然还有胆量到《天下女人》来做客，我挺佩服他的。

李　艾：真的？为什么？

杨　澜：来控诉一下，董洁，给你一点时间。

董　洁：没有吧。我觉得好像就是怀孕的期间，他拍戏不能回来陪我。但是等他从横店转回北京，在怀柔拍的时候，其实那边也有给他安排房间，但是他每天收工了，都要坐车一个多小时回家陪我，然后第二天早早地去开工。

杨　澜：那问题是你拍了一天戏，又坐了一个多小

时车回来，是不是就睡觉了？睡完了之后，老婆陪完你了，我得走了。

李　艾：差不多，对不对？

潘粤明：其实回来，主要也是为了充一下电，因为拍戏太累了，看看她我就有精神了。

杨　澜：那你都具体做过些什么呢？想不起来了？

潘粤明：是啊，但是生孩子，我是全程都在拿着相机拍她那个既痛苦又幸福的表情。

杨　澜：那时候还想着你的影视专业呢，是吗？

潘粤明：没有没有，因为我听人说好多老公都已经晕在手术室外边了，我就很好奇这个事情。而且那会儿，小陶虹也刚生完，徐峥说剪脐带特好玩儿，跟猴皮筋似的。然后挺逗的，我们小孩生出来的时候，是笑着生出来的。

杨　澜：这纯粹是大人的一厢情愿。

潘粤明：真的真的真的。

杨　澜：孩子出来都是哭的，怎么会笑呢？

潘粤明：没有没有，真没哭。

李　艾：他是哈哈哈，这样？

潘粤明：你要让他哭，要先把他呼吸道里面的血都抽出来，他透了气才是哭。刚生出来他还是在羊水里面还不适应空气呢，所以他刚生出来不会先哭。所以他就是睁一只眼然后瞄着我。护士用那些像吸尘器的东西，把他的呼吸道通了以后，他才会吸第一口气再哭。

杨　澜：然后后来你剪脐带的？

潘粤明：对啊，对啊。

杨　澜：你剪的时候是觉得像猴皮筋似的吗？

潘粤明：真的，真的。

杨　澜：特好玩儿吧？

潘粤明：很有弹性，反正。

董　洁：受不了了。

李　艾：气死了吧，董洁，我那么辛苦，你在旁边玩儿，而且应该孕妇在怀孕的时候，会有很多反应吧。比如说特别想吃什么，特别不想吃什么。

杨　澜：那时候没有差老公去做点事？

董　洁：没有，然后为这个事，我公公还经常说，表现真不错，因为平常我从来没把自己当孕妇，家里有什么事我都去做。

潘粤明：你别弄得苦大仇深的，我汗都下来了。

杨　澜：我怎么觉得她真没把自己当孕妇，真的把自己当阿姨似的。

潘粤明：不是说这不是综艺节目，这是女人栏目。

杨　澜：其实女人怀孕的时候，如果自己特别想吃东西，然后男人没去好好地给找来，这种感觉会铭记终身。

李　艾：我妈妈就是，我妈妈怀孕的时候，她那个年代物质水平没有那么高，我爸爸好不容易找了一只母鸡给她炖了鸡汤，我妈一看那鸡就不行了，吐一地，所以就没有什么可以进补的东西。后来我爸爸想了一招，因为没有肉嘛，就去田里头抓青蛙，给她逮青蛙然后做青蛙煲什么的。后来等我出生以后，他们俩只要一吵架，我妈一气不过，就想算了，想着我在怀孕的时候，他帮我抓青蛙我就原谅他吧。所以我妈妈有一句特别经典的话说，一个男人在自己女人怀孕的时候，对她好的话，她能记一辈子，对她不好的话也能怨一辈子。

潘粤明：还有一个优点，我相信你肯定弹跳也不错。

李　艾：对，我生出来确实是。

杨　澜：对，李艾一生出来的时候，别的孩子是哇哇地哭，她是呱。

李　艾：手脚都特长，中间的范围比较短。

杨　澜：弹跳力不错。所以那个时候就是在怀孕期间你会特别做点什么，董洁有没有享受过什么特殊待遇？

潘粤明：我记得那会儿她因为身体负重，每天基本都在床上。我那会儿就是给她读书，什么香槟的来历、咖啡的来历、雪茄的来历。

李　艾：你这是胎教吧，你不是给董洁读的，是给小宝贝读吧。

潘粤明：没有没有，她不抽雪茄的，她想看的书。

李　艾：我觉得要去当酒保才读这些书。

潘粤明：对对对，都是我们感兴趣的。

李　艾：是你感兴趣的。

潘粤明：而且她那会儿很少看电视嘛，所以没其他的做。看书看多了眼睛又花，我就那时候自己感兴趣的东西就读，给她读完那些以后，我晚上要看自己看的书。

杨　澜：你还有自己看的书？

潘粤明：我感兴趣的书她不感兴趣。

赵守镇：怀孕的时候不是女人特别敏感、要求也特别多吗，你一点也不是这样？

董　洁：我没什么要求。

李　艾：反应大吗？你怀孕的时候？

董　洁：还行。像他的话，以前从来没见我急躁过，我就觉得好像这个过程对于我来讲挺愉快的。因为你天天就会幻想小宝宝怎么样，而且从五个月、六个月开始他就开始胎动了，你就每天特别想感觉到他胎动的时候那个感觉，你就知道，他在你腹中，那种感觉特别好。

李　艾：你好容易满足啊。

杨　澜：人家不是网络用语中有这个“经济适用男”吗？我觉得我们董洁真的是“经济适用女”。你看没有任何要求，自己办婚礼，怀孕的时候还能够做家务。你真是，潘粤明你怎么找的？

李　艾：对啊。像这样的女子能够有批发的吗？估计很多男的都想。

潘粤明：现在不允许贷款，我就只能是以身相许了。

杨　澜：宝宝出生以后，董洁也自己带是吧？

董　洁：还有我姐姐。

李　艾：你生完孩子以后会发胖吗？

董　洁：也胖了一段时间。

李　艾：因为你毕竟是做这个行业的，你会焦虑吗？会要刻意减肥吗？

董　洁：我没有焦虑，当时我根本就没有想过我什么时候出来工作，所以我就没有负担，我觉得该怎么样就怎么样。然后有工作的时候，想想你要不要去，状态好不好，所以我们拖拖拉拉的。我也是有一年的时间，就是照顾宝宝。后来潘粤明拍戏的时候受了工伤，刚好这一段时间，就是我们俩陪宝宝，大概有一年的时间两个人都在家。

杨　澜：所以你同时有了两个孩子是吧？这边有个小宝宝，那边有个大宝宝。

潘粤明：你这话应该对我说。

杨　澜：我怎么觉得好像是董洁要承担的责任比较多一点。

潘粤明：生孩子这么艰难的事情，在她眼里其实只是一个快乐的过程，这难道不是男人的好处吗？

杨　澜：这是你的精神支持的结果，我听说董洁还给自己的宝宝记日记，是吧？这个是对爸爸不公开的？

董　洁：不给他看的，也不给我们宝宝看，我觉得写得太肉麻了。

杨　澜：宝宝其实也看不懂啊，才两岁。

赵守镇：那个日记他还从来没看过，是吧？有没有偷看过？

杨　澜：其实已经偷看过了，假装还没看过。

潘粤明：没有，那个本子是我送给她的。

李　艾：所以你知道所有的密码跟钥匙锁在哪儿？

潘粤明：没有没有，她不锁，她就放在那里。就放在床头柜里。

李　艾：为什么不看？你没有好奇吗？

潘粤明：因为我很了解她，我知道她会写些什么东西。

想到她们，我就有力量

杨　澜:看了跟没看一样，没看也是看了。但是刚才董洁其实说到，刚生了小孩没几个月吧，那时候孩子多大？也就四五个月大，他出车祸的时候。

董　洁：还不到四个月，才三个月，刚打算给他过百天。

杨　澜：刚刚要过百天的时候，然后潘粤明是在福建好像出了非常严重的车祸，当时那个车子是从山上，从空中掉下去了。掉了多少？当时那个落差能有多大？

潘粤明：二十多米。

杨　澜：二十多米？

潘粤明：垂直高度是23米，然后从车出去的地方，到车摔停的地方是32米。我们拍的是抢险的戏，我在开车左躲右闪那个泥石流，然后泥石流会后期从山坡上用电脑特技做出来。所以我就要做出那种躲泥石流的样子，正好那个路不是公路，感觉像碎石场一样，车又是老车，又没有助力。轮胎压到大石头以后，方向盘就跟着拐弯了，人的力量就控制不了，当时拍到第七条了吧，可能也是没有劲儿再去，很累了。然后变了方向怎么出去了，在空中还在想这个事呢。

李　艾：可想而知有多高。当时董洁听到这个消息了吗？

潘粤明：没跟她说，我当时醒过来以后，在悬崖底下，我睁眼的时候，剧组的人都在往山下跑，我第一反应是不能动，因为我看我嘴边上全是血。

李　艾：你看你嘴边上？

潘粤明：就是喷的嘛。然后第二反应就是要手机，要完手机，就翻她和孩子的照片，其实我一摁就拨过去了。但是我知道我不能拨，我就一直看她和孩子的照片，然后就等救护车。

杨　澜：为什么第一个反应要看到她们的照片呢？

潘粤明：就是心里最重要嘛。

杨　澜：那个时候你会担心自己的生命安全吗？

潘粤明：没有什么意识，我讲不了话，我气管里面全是血。

杨　澜：董洁那时候，听到这个消息的时候，你在哪儿呢？在家吗？

董　洁：我在广州，刚好那天是拍一个广告。然后在广州，当时就觉得特别像电视剧。

杨　澜：就觉得这种事不可能发生在自己身上的？

董　洁：就是脑子大概有好长时间不知道该说什么了。

李　艾：对方怎么跟你说的？

董　洁：他就是说你先别着急。

李　艾：第一句话是你先别着急？

董　洁：他先说你先别着急，我就不行了，我就知道肯定出事了。但我没想到那么严重，而且我以为他说翻车，我以为是原地翻的，我没想到说翻到山下去。后来知道翻到山下去了，我就感觉，这人有没有救啊，反正我觉得就是懵了。

李　艾：你还没见到他的时候，就已经知道车是翻到山下去了？

董　洁：对啊，受不了，这种事情实在是，所以说我觉得，也是早早考验我们俩吧。到现在我也是觉得，真的是人生无常，有的时候，我们要珍惜的东西太多了。

杨　澜：但是你真的到了那样的一个环境下，还是能够很冷静地处理这些事情吗？因为有的女孩子可能就会崩溃了。

董　洁：其实一开始我是真的受不了，但是后来我跟他通上电话，他能跟我讲话，我也知道，他现在已经脱离危险了，然后我能平静一些。但是还是整个人极度紧张，到了福州，在医院里看到他了，才松了口气。

杨　澜：看到老婆进门的时候是什么感受？

潘粤明：就是在想，谁叫你不好好给她办婚礼的。

杨　澜：今天可能潘粤明想用一种比较轻松的方式，去回忆这样的一个场景，但一定是非常刻骨铭心的，那个时候就是一个至亲的人来了，命捡回来了，人生从此完全不一样了。那说说后来养病的时候，这边床上躺着小宝贝，那边躺着个大宝贝，董洁怎么照顾这两个人呢?

潘粤明：她第一个晚上等于是在我身边坐了一宿。

董　洁：没有床位。

潘粤明：一直坐到天亮。

董　洁：一直坐着，就是那一晚上都没睡。

潘粤明：对。后来我觉得她太辛苦了，有一天早晨起来，4点多钟好像是，我实在受不了了。因为一个人每天脸冲上躺着几十个小时不动，肌肉像蚂蚁咬的那种感觉，又出汗又麻那种感觉特难受。后来我就想自己起，干脆别叫她了，因为我起来太费劲儿了，我自己起将近是起了一个多小时，我没起来，我就不想吵醒她。我看着时间呢，从4点多到5点多，我一直想尽各种办法，拿枕头往屁股底下放，拿脚脖子翘床帮，就是没起来，后来我说算了，还是叫人吧。

杨　澜：其实人生当中有很多特别重要的时刻，像结婚了，有小孩儿了，包括你们遇到这样的一个，那么大的考验。但是都那么密集地，发生在很短的时间里，其实对两个人的情感，也会产生很大的冲击。这样接二连三地几件事之后，你觉得你们两个之间的情感会有什么变化吗?

董　洁：我就觉得挺奇怪的，我们俩相识那么长时间，结婚两年，有了孩子，就感觉真的是没有变过，以前恋爱是什么样子，现在还是什么样子。

李　艾：运气吗，娶到这样的媳妇?

潘粤明：我觉得她还真的挺有运气的。

李　艾：谁真的挺有运气的?

潘粤明：我没明白你怎么问的。

杨　澜：假装糊涂，假装糊涂，但肯定是两个人其实都很有运气，其实要找到对方，你说这种姻缘嘛，就是说不清楚的一个事情。但是真的能够碰到，我觉得茫茫人海当中，也是一种福气，一种机缘。看到这个节目的时候，很多观众朋友可能会觉得，董洁真是非常体贴、非常顾家的一个女人。但实际上呢，其实潘粤明也会挺有心地来表达自己对老婆的感情。听说他有一个秘诀，或者他有一门手艺。夸你的时间了。他有时候会在手机上画了画，然后传给自己的太太，是吧？

李　艾：好浪漫啊。

杨　澜：你一共画过多少幅画？有没有计算过？

潘粤明：几十幅，百十来幅差不多吧。

李　艾：这么多。

杨　澜：都会画一些什么样的东西呢，董洁？

董　洁：挺多的，像一些什么，有的时候他自己画一些系列主题，就是心，不管是画什么东西，其实在那儿都隐藏着一个心，有时候画一些植物、虫子、小动物，还有风景、人物，但是他不管画什么，这中间肯定会加一个心在里面。

李　艾：他没画过你吗？

董　洁：画过，画得很小。

李　艾：画难看了，还是画漂亮了？

杨　澜：他后来发现技术还不够成熟，下次还是画个心比较好。你最喜欢哪一幅呢？董洁。

董　洁：我？他这些都特别好，有一些画是写实的，其实就是一个像他一样的模样，一个穿西装的小帅哥，拿了一个巨大的钻石，然后旁边写着，嫁给我吧。

李　艾：这是求婚了吗？那个画是求婚吗？

董　洁：应该不是求婚，但是他画的那个，然后女孩一看到这样的图景，就会特别感动。

杨　澜：就好像真接到这颗钻石了，所以男孩子们，当你们还送不起大颗钻石的时候，可以画一颗，画饼充饥也是可以的。

李　艾：那潘粤明你觉得自己算是个浪漫的人吗？因为这些事还

挺浪漫的。

杨　澜：对，我觉得非常浪漫。

潘粤明：我觉得这个其实我没法评价，浪漫应该是在女孩子眼里吧。

董　洁：他所做的事情都特别真心，他不会很敷衍你。比如说，过节一定要给你买花，过生日一定要给你买蛋糕，他不会这样敷衍你的。他就是真真心心的，他想做什么他就会坚持下去，我觉得唯一不浪漫的就是，情人节没给我买花。

潘粤明：对啊，我从来没买过花。

李　艾：为什么？

潘粤明：就是给她也是，我自己也不过生日，我就这样一人。

李　艾：但是你买一束花董洁就能高兴。

杨　澜：她就能高兴很多，为什么不去买呢？这算是你到《天下女人》接受的第一个培训，下次情人节或者生日的时候得买花。

赵守镇：我估计他会画画。

杨　澜：画花，画玫瑰花。

潘粤明：还是买吧，画太累。

杨　澜：今天非常高兴，在我们这个节目播出的时候，其实正好是董洁和潘粤明即将要庆祝他们结婚两周年的时候，我们先用掌声祝贺他们一下。来来来，说一下结婚两周年的感言，作为我们这个节目的结束语吧。

潘粤明：其实我不愿意夸她，但是说实话，我觉得找这么一个好的女朋友，变成自己的老婆……

杨　澜：又变成孩儿他妈。

潘粤明：对对对，其实是挺幸福的事情，各位喜爱她的人，请你们放心，我一定会保护好她的。

杨　澜：潘粤明故意说得好像天高云淡那样的。

潘粤明：其实压力大了。

杨　澜：表态也不做。

李　艾：因为他是纯爷们儿。

杨　澜：对对对，董洁可能会感性一点的。

董　洁：心爱的人嘛，我们看到很多老奶奶老爷爷都会牵着手一直在一起的，尤其我们去国外的时候，经常能看到。还是要把爱记在心里，你不能让生活琐碎的事情把自己的爱给淡去了，淡忘了，我觉得那样不对。

阿牛

心灵的自然回归——阿牛

人人都有初恋，你还记得你的初恋吗？你的初恋是什么样的味道呢？是甜蜜的？酸楚的？还是苦涩的？不论怎样，相信每个人的初恋，都是毕生难忘，让人留恋的。

编导手记

初恋是什么?

是她闯入你视线时扣动你心房的咚咚声,

是他练习过无数次后在你面前的忐忑表白,

是手心紧张到出汗、踮起脚尖完成的初吻,

是你深深地喜欢着他,他却深深地喜欢着另一个人,

是你不知从哪里跑出来的小小醋意与妒忌,

是许下万千誓言,却敌不过现实与时间,

是十年后模糊的记忆、褪色的照片……

每个人,都有属于自己的初恋。

第一次表白,第一次牵手,第一次吻,第一次失落,第一次分手……初恋是青春时代最甜蜜的一朵花,是成长的必经之路,是长大成人之后对青春与故乡最纯真的怀想。

对于阿牛来说,初恋就像红豆冰,甜蜜非常,但还没来得及再感受就已经融化……那么,我们的初恋、我们的青春呢?你是否还在念念不忘?带着自己电影处女作《初恋红豆冰》的阿牛来到《天下女人》,分享他的初恋故事。

第一次被人表白时的甜蜜心情,第一次与女孩牵手时的“血往头上涌去”,少年时对李心洁的懵懂暗恋,第一次感受到的相思之苦……阿牛说到情动处,语言不够用了,于是抱起吉他唱起歌:《对面的女孩看过来》《纯文艺的恋爱》《阿牛和阿花的故事》,甚至还有老狼的《同桌的你》……一首首唱下来,把每个人的初恋回忆都勾出来。

于是你就意外地听到杨澜第一次讲她的初恋故事——那个从小学起就发誓要陪她走天涯的帅气小男生,高中时面对一张偷偷递过来的小纸条的纠结与醋意……还有守镇一直珍藏的第一封“卷轴”情书与第一个搞笑的吻……

不管你是豆蔻年华正值初恋，还是你正抓着青春的尾巴遗憾初恋，或者你已跨过青春岁月臻至成熟。在这样一期节目中，你总能找到自己初恋的影子与少年时的情怀。

所以，你的初恋，是什么味道?

周扬

甜甜的爱，溢满心间

杨　澜：我想在人生的道路上，也许我们会有很多次的恋爱，但是初恋的那一份纯真、朦胧、甜蜜，哪怕是伤心的泪水，都是让人难以忘记的。那么今天呢，我们请到了一位特别的来宾，他的很多歌曲都成为恋人们心爱的作品，同时呢，他也担任导演拍了一部电影，就是专门来讲初恋的味道，我们掌声有请阿牛。是不是初恋对于你来说就像红豆冰那样？为什么是红豆冰？

阿　牛：因为我很贪吃，我就想说我拍一部电影，一定要把马来西亚吃的东西放进去。

杨　澜：那为什么不是红烧肉呢，或者是北京烤鸭？

阿　牛：你觉得有谁的初恋像红烧肉吗？因为红豆冰在很热的天气吃下去的时候，它又冰、又凉，然后又甜。而且先是甜，然后会甜到有一点刺痛，可是它一下子又融化了，很多人的初恋一下子来不及感受，它就融化了。

杨　澜：我们今天的导演很有意思，他准备了四种饮料，那他就说这是初恋的四种味道，必须要亲自尝过才知道它们是什么样的味道。你喝一种饮料尝尝它的味道，然后告诉我们，先选橙汁是吧？

阿　牛：对，看起来鲜艳一点。因为初恋开始的时候，颜色总是比较缤纷的。

杨　澜：怎么样？是不是来我们节目做嘉宾真好，待遇还不错。

阿　牛：对，天气好热，这个是甜的。

杨　澜：甜的，对，说说你自己。初恋的时候甜蜜的感觉是怎么样体会到的？

阿　牛：你知道我以前在念中学的时候，常常都是喜欢别的女生的。

杨　澜：你喜欢别的女生是什么意思？

阿　牛：我的意思是说，我喜欢女生，然后我都去追她们，她们不理我。

赵守镇：她们？你追好多人。

阿　牛：好多年，追了好多年。

杨　澜：都不理你？

阿　牛：然后后来终于有一个女生说她喜欢我，就像喝橙汁一样。

杨　澜：真的，那是一个什么样的女孩子呢？

阿　牛：跳舞的时候认识的。

杨　澜：那肯定身材很漂亮对不对？

阿　牛：也是啦。这辈子没有女孩子说过她喜欢你，可突然有个女孩子这么说。

杨　澜：她怎么样告诉你的，她偷偷告诉你的，或者写个小纸条还是怎么样？

阿　牛：我那时候在用吉他写歌，写得差不多了，然后有一次我唱歌给她听的时候，她说她喜欢我。

杨　澜：你当时，弹吉他唱歌就是希望有一天能够打动一个女孩子。让她说她喜欢你，对不对？

阿　牛：对啊，对啊 。

杨　澜：好诚实啊。其实我们都没有像阿牛那样的一个非常好的辅助工具，就是他的音乐。很少有纯情的女孩子，可以抵挡得住音乐这种魅力的，所以能不能够有一首歌，请你给我们来弹唱一下。就是任贤齐最早唱红的那一首《对面的女孩看过来》，那是不是有点儿初恋的感觉。

阿　牛：今天阿牛来到《天下女人》，唱这首歌给天下所有的女人听。

杨　澜：好，谢谢。

阿　牛：对面的女孩看过来，看过来，看过来。这里的表演很精彩，请不要假装不理不睬。韩国的女孩看过来，看过来，看过来。不要被我的样子吓坏，其实我很可爱。我左看右看，上看下看，原来每个女孩都不简单。我想了又想，我猜了又猜。女孩们的心事真奇怪，真奇怪。

杨　澜：好棒啊，像女生是很难抵挡这种音乐的那个诱惑。追女孩子的时候一定要学这个。

阿　牛：以前我在学校的宿舍，然后我住的地方，因为是外面租房子，所以旁边都有很多的女生。我们马来西亚有两种语言的学校，我是中文语言的学校长大的。还有一些是英文学校的女生，她们都比较开放，然后都很漂亮，都很高，所以这首歌是专门写来给她们的。

杨　澜：所以当时她们在对面对不对，她们就打开窗来看一看？

阿　牛：对，我就每天在阳台上这样。

杨　澜：好卖力气啊！

赵守镇：那你有没有担心过，她们看你的样子会不会吓跑这种问题？

阿　牛：不会，因为够远。

杨　澜：其实那种距离感蛮有初恋的感觉，就是有一点朦胧，还有一点羞怯的那个感觉。守镇的初恋的甜蜜感是怎么样的？

赵守镇：也甜蜜的，就是时间比较短嘛。就是三年半的时间，在我初中的时候。

杨　澜：三年半还算短吗？不短啊，好像那个时候一个学期就算长的。

赵守镇：对，初中三年级就开始，然后暗恋他，然后搞定他。

杨　澜：搞定他？你好凶悍呀，那他第一次拉你手的时候有很甜蜜的感觉吗？

赵守镇：我们看电影的时候，我都不知道这个电影的故事是什么。

杨　澜：对，那个不重要。

赵守镇：然后特别奇怪的是，我跟他拉手看嘛，第一次，我们拉的是右手，但是左手也出汗，特别紧张。

杨　澜：一直在那里颤抖是吧？

赵守镇：对，你呢？

杨　澜：我？我的初恋好久远哪。

阿　牛：你不能这么说，这么说好危险。

杨　澜：我好像特别特别早，好像小学还没有毕业。

阿　牛：小学那个不算。

杨　澜：不不不，但是那个时候很认真的。我们班一个很帅的男孩子，他就很喜欢我，每天放学都要跟我一起回家。然后有一次跟我说，杨澜，我已经决定了，不论以后你到哪里我都跟着你。

赵守镇：真的啊？

杨　澜：然后我觉得特别好，他真的很帅，功课也很好。因为那个年代呢，中国人呢，男男女女都穿那种灰的、蓝的、绿的那些衣服，都是很古板的衣服。然后我当时很骄傲地说，我长大了一定要去新疆。因为只有新疆的女孩子穿花的衣服嘛。

赵守镇：就像这样的衣服？

杨　澜：对，就像这样的衣服。然后他就信誓旦旦地说，那我也跟你一起去新疆，所以我觉得还挺甜蜜的。

赵守镇：跟他发展到什么程度呢？

杨　澜：后来好像上中学以后就没有来往过。

阿　牛：后来那个男生当了摄影师了，一直跟到现场。

赵守镇：然后一直看着杨澜姐，是吧。

飘过心田的馨香

阿　牛：对，你刚刚说第一次牵手，我记得第一次牵手是她牵我的手，她突然间拿我的手来玩，就是拿在她的手里来玩。

杨　澜：真好玩耶，一、二、三、四、五，有五个，五个手指，然后你那时候很窘吗？

阿　牛：没有，对男生来说，我没有这样子被女孩子碰过，就觉得所有的血往头上涌去，我记得我耳朵是发热的，然后我是不能呼吸了。所以回想起来，这都是很甜蜜的回忆。

杨　澜：那在这个影片当中，我不知道男女主人公有没有一个初吻的那个环节？

赵守镇：我听说在电影里边的女主角，你以前曾经暗恋过她？

阿　牛：是啦，以前。

杨　澜：这是阿牛公开承认的对吧？

阿　牛：对，我就说以前我就是喜欢人家，然后都追不到人家那种。

杨　澜：那这次真的是有机会一起拍电影，人家又新婚不久，听说丈夫还在片场。

阿　牛：那时候还没结婚，但是看的时候就新婚，而且她老公坐在我旁边。

杨　澜：真的？然后你怎么样，你感觉到旁边的敌意吗？

阿　牛：就是觉得那天的冷气很冷。

杨　澜：但是我听说当时这一个场景，你前后拍了两三遍之多，是吗？

阿　牛：对啊，两遍而已。

杨　澜：只有两遍而已吗？其实你很想拍第三遍，那为什么不拍呢？

阿　牛：其实到现在，我都不知道那场戏拍得怎么样。

杨　澜：你是导演，你没后期编吗？

阿　牛：有些，比如有些其他戏，我可以很客观地在外面，然后看那个感觉是什么，但是那天我拍完了，我坐在椅子上，还是一样，我没有办法。

杨　澜：入戏了，入戏了。

阿　牛：然后大家问我，导演，你觉得怎么样？其实我心里哪知道怎么样，我现在头脑一片混乱，然后也不好意思说再来。

杨　澜：还是不好意思对不对？

阿　牛：对，很难好意思，因为头脑很乱的，所以我可能现在是，拍戏我自己就比较在意。

赵守镇：找一个替身嘛。

杨　澜：那不行，这种梦寐以求的镜头不能找别人。

阿　牛：那天晚上想要当替身的人，排到外面去了，排队排得很远。

赵守镇：我问一下阿牛，好多男的，包括现在我的亲爱的也说，他记不得了初吻是什么时候？

阿　牛：我记得，我还记得那是一个下午，然后我坐在她的书桌前，她叫我闭上眼睛。

赵守镇：有点强迫性的。

阿　牛：对，然后她亲了我一下。

杨　澜：你昏眩了吗？

阿　牛：我没昏眩，而且我是来不及感觉的，我的初吻就这样没了。重点是，我永远记得，那个时候吹来一阵风，窗外的树叶，在阳光下沙沙作响，然后我们两个都彼此沉默。

杨　澜：你真是个诗人耶。

阿　牛：我想拍进去，但太淡了，所以后来拍进去就比较难的。

赵守镇：我就是说特别想跟电影一样那么浪漫，电影里边不是接吻的时候老是腿要这样翘起来嘛，我觉得这样很浪漫，但这要两个人配合。

阿　牛：为什么一定要翘起来呢？

赵守镇：我也不知道为什么。

杨　澜：这个是女人很奇怪的心理，女人很奇怪，她觉得那样很优雅，很美。

赵守镇：对，而且当时一定要穿高跟鞋。

杨　澜：对，一定要高跟鞋，然后还要穿裙子。

赵守镇：第一次接吻的时候呢，就觉得一定要很浪漫，所以就像电影里边嘛，不然你来试一试好吗？阿牛送我回家，就是这样的，假如这个是门，我是男的话就这样，我就不能让开，把女孩子放在那个小角落。男朋友要接吻的时候，然后我要把手放在他肩膀上。

阿　牛：我第一次跟韩国女人这么靠近。

赵守镇：我不是韩国女人，韩国大美女。

杨　澜：但是其实你刚才说出的那种心态呢，就是跟很多小女生是一样的。

阿　牛：我觉得韩国男生很坏耶！他会把那个女生逼到没有地方走为止。

赵守镇：没有，其实韩国女孩坏，韩国女孩心里也是特别需要。

杨　澜：我们来分享一下，大陆老一辈的初恋经验吧。在上世纪五六十年代，中国内地有一种非常激情澎湃的革命情怀。所以那个时候会这么写信：我还是能够抑制自己，搞好革命工作。你不用为我担心，年轻人应该想到祖国广大人民的利益，不要只顾个人小家庭点点滴滴的利益，我希望你能够好好安排自己的工作、学习、生活，如果没有计划，没有大志，没有革命的热情，就会变成庸俗低下的人，你说对吗？

阿　牛：所以那个时候谈恋爱好特别啊。

杨　澜：对，就是我们一起来跟着毛主席，团结奋斗。到了上世纪八十年代，那个时候就开始有一些多愁善感的东西出现了。比如说有这样一封情书：你在那个遥远的城市还好吗？整夜整夜地想念你，在这样寒冷的季节，这种苍凉的感觉让我手足无措。我很久都没有哭过，总觉得生命中任何一个人，不管给我怎样幸福和灾难，我都不会轻易落泪，但是想到你的时候，泪水还是不争气地流了下来。晚上的风凉凉的，我啃着一只苹果，对着照片想你，有没有听过神灯的故事，如果我是阿拉丁，会拿一块布擦擦照片，你就会从里边走出来，那该有多好。

赵守镇：杨澜姐，你记得你的情书吗？

杨　澜：我真不记得了。

赵守镇：其实我来中国16年，也是待到现在，很可惜今天没带过来我的第一封情书。

杨　澜：别人给你写的？

赵守镇：当然是别人给我写的嘛。

杨　澜：他写什么了呢？

赵守镇：他的那个信也是挺有意思的，是卷轴那种，跟别人不一样，不是一封信的那种。然后，他用毛笔写的，给我的印象最深的是，他给我的称呼，就是黑黑的天使。

杨　澜：黑黑的天使？

赵守镇：对，天使，天使。然后我特别特别紧张，特感动。

杨　澜：为什么你喜欢被人称作黑黑的天使？

赵守镇：其实他少写两个字，黑黑的其实挺好的，天使就过了。但是不知道他为什么这么写，我都背下来了，然后每天晚上睡觉之前，都在脑海里想一遍再睡。

柠檬水的滋味

杨　澜：我们现在要进入初恋的第二种味道，请阿牛再选一个味道。

阿　牛：这个是什么呀？

杨　澜：这个不是可乐，是醋，老陈醋。初恋有酸酸的味道，可能就是有一点小小的嫉妒、竞争，所以叫吃醋。电影里有类似情节吗？

阿　牛：电影里有。其实电影里边是，我喜欢李心洁，然后我的

妹妹喜欢品冠，品冠喜欢梁静茹，梁静茹喜欢我。

杨　澜：四角关系，那么复杂呀！

阿　牛：对，有一场戏就是，我发现心洁跟曹格接吻，然后我就很酸，就吃醋。

杨　澜：但是其实就是因为初恋有这样酸酸的味道，所以让人难忘，对不对？

阿　牛：其实我后来才知道，原来我念中学的时候，我喜欢过一个女生，但是我当时不知道我喜欢她，我后来长大了才明白，自己谈过恋爱才明白。为什么会发现自己喜欢她，因为我谈了恋爱才知道，当你喜欢一个人的时候，不只是甜的，更多的感受是你心灵的苦，你看到她哭的时候你心里会苦，然后看到她跟别的男生在一起，你会酸。我喜欢一个班长，常常跟她在一起，但我不知道那时候我喜欢她，那段时间我常常觉得，她身边有很多男生追她，然后她都会说给我听。

杨　澜：你就很生气是吧？

阿　牛：我没有生气，因为我不知道自己喜欢她，不知道自己的感受是什么，所以是很酸、很苦的，然后长大后才理解那是什么感觉。你看，这就是学生时代那种很青涩的味道。我还是很好奇，杨澜姐的对象，而且我觉得杨澜姐，你小时候一定很漂亮。

杨　澜：我没有，我其实一直是很一般的。

阿　牛：一定很多男生喜欢你，然后你的对象一定会吃醋。

杨　澜：我真正谈恋爱都已经到大学了。所以，那个时候呢，我觉得对于自己的感受，也不是特别的清楚，所以有很多失败的经历。但是我最有醋意的是什么呢，就是我在那个高中的时候，我的几个好朋友都会接到男孩子写的小纸条嘛，就是人家约你出去，或者说偷偷地喜欢你，我就从来没有接到过小纸条，对，然后我就特别吃醋。也不是说特别地吃某一个女孩或者男孩的什么醋，就是说其他女孩子身边都围着很多男孩子，但是没有人来跟我表白，所以我那个时候非常自卑。我就觉得肯定是我很不好看，肯定是没有吸引力，怎么会这样。我还跟我的一个好朋友说，为什么男孩子都不喜欢我呀。后来有一天终于我接到了一个男孩子递给我的一个小纸条，我都心跳加速了，他很神秘地塞给我，还假装没有看见那样子递给我，就走了，然后我就找一个没人的地方，偷偷地把它打开来看，上面写着：刚才第 15 题应该选 A 还是选 B。

阿　牛：真的假的？

杨　澜：真的，真的，我那个时候成绩也算是班上数一数二，特别好了。后来很多男生说，因为我学习很好，就会觉得我大概眼界很高，瞧不上他们，所以他们也不敢跟我来表白。但其实我那个时候，特别希望有男孩子跟我来表白，所以我就觉得女孩子不能太矜持了。

赵守镇：是不是杨澜姐上学的时候，就是为了学习不怎么洗头发、洗澡那种？

杨　澜：瞎说。

阿　牛：可是我觉得男生还是会介意说，女生比他杰出、比他高、比他厉害。我上中学的时候，就不敢去追前面班那些很聪明的女生。刚才听你那么说，现在有一点后悔了。

杨　澜：对啊，其实她们也在心里想，怎么还没有人来追啊。

赵守镇：对，以前对痘特别敏感，就是说长一个青春痘觉得没有人要我，就是因为青春痘，真的是特别特别敏感。

返璞归真的自然

杨　澜：我们还有两个味道，要让阿牛来尝一下，尝尝那个是什么滋味的？

阿　牛：这个看起来比较友善一点，这是什么？

杨　澜：这个是我们导演用秘方精心配制的。莲子里面有根芯你知道吗？拿那个煮出来的水。莲心很苦，但是很清凉，你放心，在大夏天还是适合饮用的。在恋爱中就会有一点苦涩的滋味，像在这个影片当中，也是表现了分离。

阿　牛：分离，对对，那个苦才刚开始，而且第一次谈恋爱，然后又跟她分开了。其实距离也不是很远，但就是我在一方，她在一方那种，只能通过打电话，一个月才见一次面。

赵守镇：异地恋的那种痛苦？

阿　牛：对。因为分开两地嘛，所以我每天最重要的事情就是，吃饱了去电话亭打电话。那时候还没钱买手机，然后我是站在电话亭的外面，不断地把零钱几毛钱几毛钱地放，然后在那边跟她在谈电话。我现在觉得这个是很让人怀念的事情，因为现在很简单，你想谁你就发一个信息给他，或者是你上 MSN。可是我觉得我们那个年代其实是，都是到外面的电话亭去打电话。

杨　澜：很手工的那种？而且打电话的时候后边还有三个人排队的吧？

阿　牛：对对对，要很小声，而且不断地用脚打蚊子，因为马来西亚很多蚊子。

杨　澜：像你那个时候写的《阿牛和阿花的故事》，那个是因为有这样的一种经验或者记忆才写的吗？

阿　牛：没有，我那个好像是写了之后才发生的。

赵守镇：我想听这个歌。

杨　澜：其实《阿牛和阿花的故事》这一首歌曲呢，也是阿牛这个艺名的出处对不对？你是唱了这首歌以后然后大家就叫你阿牛了。

阿　牛：对啊，对啊。

杨　澜：其实我觉得，这部电影里还有一种很浓的乡愁。就是那些小镇里的年轻人，慢慢地都跑到大都市去了，把那一种很淳朴恬淡的生活，都抛在脑后。就像我们这样，都在大城市的喧哗和浮躁里边的，在马来西亚这好像也是一代人的一种记忆了吧？

阿　牛：对，其实也都一样，很多人都离开自己的家。其实我觉得初恋之所以这么动人，除了它是第一次以外，还有就是我们在初恋时候的那种心情。在我拿到高考成绩的时候，我哭了。因为那个当下，我突然明白，我的青涩的岁月没有了，从此以后我就长大了。当我们离开家的时候，我们那么心痛，那么惆怅，不只是离开一个地方，而是离开我们的一段岁月。但是当我们了解这段岁月美好的时候，它已经不再重复了。所以刚刚杨澜姐你问我说为什么我这么想拍这部电影，还有一个很自私的原因就是，我想再回到我的那段青涩岁月，希望再回去那种很简单的心情，躺在河边看天空，爱情是很简单的，我的世界也很简单的。虽然这次电影拍得很辛苦，其实都是我辛苦，他们拍得很快乐，他们每天去吃、去玩。拍戏的时候，我们再一次穿上校服，然后再一次做回当年的自己，觉得特别无忧无虑。品冠做回他那副很欠揍的样子；心洁变回她成为影后以前——短裤、木屐，然后走路大摇大摆的淳朴的乡下妹；我们都做回我们最初的自己。所以虽然这个电影很辛苦，但我觉得很值得。

杨　澜：很值得，很值得，我想它也会引起很多人情感的共鸣。你离开自己年少时候的家，然后投身到另外一种生活当中，过去的人，过去的老房子、街道，包括那种家乡的味道，都让你感到非常地留恋。

阿　牛：对啊，就像那句——**明天你是否会想起，昨天你写的日记，明天你是否还惦记，曾经最爱哭的你。**

杨　澜：其实阿牛在筹拍这部片子的过程当中，也是经历了很多的困难和艰辛吧？

阿　牛：对，很辛苦。

杨　澜：据说有一段时间，你几乎天天以泪洗面，是吗？什么事情把你难成这样？

阿　牛：对。在开拍前的时候，投资方突然撤出了，所以其实我可以不要拍，但是我觉得不拍不行。

杨　澜：为什么呢，为什么一定要拍这部电影呢？

阿　牛：因为我觉得它是我内心里最深最初的一个梦。如果不拍，我会很难过。其实我刚从马来西亚参加完爷爷的葬礼回来，我看到很多我小时候见过的长辈，他们现在都已经老了，都变得好小，头发都苍白了。但是以前他们在我的心目中，是很魁梧的。我突然庆幸我想要拍的这个电影已经拍了，要不然有一天我到年老的时候，如果我这件事情没做的话，我一定会很遗憾，那个遗憾会在你心里没办法释怀。所以如果你心里有梦的话，不管那个梦有多大，一定要去实践它。当然做这个梦也是很痛苦的。我记得有一天，我要去一个 shopping mall 开会，我就走走走，我突然发现，镜子里有一个人走路好像青蛙，其实就是我自已，就是快累垮了。因为资金没有到位，所以我自己要去筹钱，到拍完的时候，我已经把我所有的积蓄都用完了。

杨　澜：你把房子也抵押了是吗？

阿　牛：抵押了，还欠了很多很多的钱。而且那时候公司在闹分裂，因为资金关系，几组人都在吵架。拍完之后，片子完全不知道该怎么办，我已经精疲力竭了。那时候，因为僵持着，所以我每天就在家里，醒来就吃饭，吃完就运动，运动回来就哭，是真的哭，因为不知道该怎么办了。

杨　澜：最后怎么解决这个问题的呢？

阿　牛：最后，我没有退路可走，我的人生都押在这里。那个时候，在马来西亚一部这样的电影是很轰动的。所以我已经被挤到了墙角，后面已经没门了，那我也就只好走下去。那时候我经常去运动，然后在我的心平静下来的时候，我就会站在山上打开手，跟太阳祈祷。我发现这样祈祷是很有用的，因为无论你向谁祈祷，你都会发现，其实是自己的心不平静。当你心平静下来之后，你的状态也会变好，身边要帮助你的人也才有办法帮助你，所以我觉得其实事情不难，人也不难，是心难。

拼搏历练的青春——胡夏、三帅组合

节目录完，胡夏、三帅即将离开录影棚的时候，棚里只剩下一群工作人员在整理设备。但他们依旧没忘记跟所有工作人员打个招呼，说“辛苦了，谢谢”之类的话，这样的他们，难怪能脱颖而出受那么多人喜欢。

编导手记

四个大男孩远赴宝岛，历经七个月打拼一夜成名，成为当下最炙手可热的选秀明星。胡夏和三帅载誉归来，内地首度开唱，一首《家后》唱哭了多少人。略带青涩的瘦高男生胡夏在为时超过七个月历程的《超级星光大道》获得桂冠，一同并肩作战的兄弟三帅组合也夺得了季军。这些正当红的大男孩们看似沉稳内敛，骨子里和话语间还是透露出阳光幽默的可爱个性，没有明星的派头，还略带一点羞涩，让现场的歌迷姐姐们惊叫不已。更有三帅教现场主持人和声，杨澜第一次在节目里亮嗓，李艾居然一本正经地唱起了美声，还美其名曰“我是专业的”，守镇则在见到三帅一展歌喉时情不自禁地“花痴”了一回，大喊了一声“偶巴（韩语‘哥哥’）”，惹得几个大男孩害羞不已。

更令人没想到的是这些大男孩之间也有着他们的“小八卦”，节目现场，四兄弟自比赛后再度“PK”，互相纷纷爆料。你想知道，他们之间的“小秘密”吗？你想知道他们当中谁最八卦？谁的身材最好？谁又最受女生欢迎吗？

刘芳霏　贺小敏

宝岛满载而归

杨　澜：我发觉我们《天下女人》有一个特点，就是我们现场最受到热捧的往往是男性嘉宾，而且是帅哥，更何况今天的嘉宾刚刚获得了台湾选秀节目的优胜者的桂冠来到这里，当然是要受到最热烈的欢迎，有请胡夏和三帅组合。

李　艾：你们三个人一开始并不是要在一起唱组合的，对不对？

三　帅：对。

杨　澜：三帅组合这个名字是到了台湾以后才有的，是吧？

一　帆：对。

杨　澜：原来叫什么组合呢？

广　博：没有名字，去台湾的时候，别人问我说叫什么，我说没名字。然后就说那要不然把我们三个名字放在一起吧，叫“牟广帆”。我说这个太难听了，不要这样。

李　艾：那现在这个三帅的名字是怎么来的？

一　帆：陶子姐取的，是在比赛直播的时候，她突然说有请三帅出列，然后我们说谁啊。

杨　澜：就说你们了，三个帅哥出列的意思。说说第一场比赛的时候感觉和心情是怎么样，是到那就觉得老相识的感觉，还是一到那觉得陌生和尴尬？

胡　夏：第一次到，就是第一场比赛的时候很紧张。有很多来自各个地方的选手，我们一起都坐在后面听，很害怕自己唱得不好，被别人笑。还有很多评委老师，他们都很可怕。

李　艾：你觉得评委老师很可怕？

胡　夏：就是很专业，表情很严肃，所以看着他们就有一点害怕。

广　博：因为当时就是拉了一个帘子，我们所有选手都坐在后面，看不到前面。

一　帆：只能听到声。但是我们去唱之前，就有很多选手，会在练习的时候，特地想展露一下他的技巧。

杨　澜：到比赛当中状态最不好的时候是什么样子？

胡　夏：就是快准备到决赛的时候，那几场PK赛状态就不太好，每一场都出问题。就是比赛的后面觉得选歌上很困难。

李　艾：但是我听说你有一首歌拿了满分，25分满分，那首歌闽南语的？

杨　澜：你会说闽南话吗？

胡　夏：不会。

李　艾：那你怎么会学到这首歌呢？

胡　夏：就是听它的MP3，然后去学的，一个字一个字去标罗马声音。

杨　澜：听说很多人听了这首歌都落下了热泪，那一定是歌词很感人的。

李　艾：据说这是老婆唱给老公的歌啊？

胡　夏：我就把它想象成是替我妈妈唱给我爸爸。

李　艾：那你能说一说这歌词吗？

胡　夏：最后那一句是，**如果有一天我们都要死掉了，我会让你先走，是因为我不想看到你为我流泪**。

杨　澜：好感动，这太煽情了。那除了在赛场上有这种不适应之外，在生活上会觉得有不适应的地方吗？

胡　夏：台湾跟我家气候环境都蛮相像。

一　帆：其实我去了一直都不太习惯，太热了。

广　博：他是北方人。那时候在台湾过冬天的时候，他基本上是穿一个背心就出去买东西去了。

一　帆：外面的人都穿棉服，然后看我就跟看动物一样，全都看我。

李　艾：难道你们跟台湾的选手没有在一起？什么时候才开始熟悉，一开始他们会不会很排斥你们？

一　帆：没有，真没有。

广　博：但是他们会问一些很奇怪的问题。比如说我第一天去的时候，问我是从哪儿来的？我说是黑龙江，他就说好酷啊。我说酷在哪儿？他说觉得很酷，很冷吧。我说对。那你们那有夏天吗？我说有。那有百货市场吗？我说有，应有尽有，我说台湾有的我们那都有。

胡　夏：问我是住在哪儿。我说我是广西的，然后他说那你是住在山上吗？

一　帆：然后他说是不是和熊猫住在一起，每天都能见到熊猫，真好。我说我们不是每天能见到熊猫，他们就说你们不是跟熊猫住在一起吗。

李　艾：那边没有艳遇吗？

赵守镇：我看你们采访的时候有一个，应该是一帆你吧，老说那个台湾女孩子不错。

一　帆：我没有没有。不不不，那不是我说的。是广博，在这呢。

杨　澜：你说那话的时候就忘了你还要回到内地上《天下女人》。

李　艾：就是，怎么可以不给自己留条后路呢？

赵守镇：对啊，我看了三个节目他都这么说。大家都说台湾的生活如何如何，他老提那个台湾的女人多么多么好。

广　博：那个时候跟家里打电话的时候，我妈就问在那边吃得好不好，住得好不好。我说还好，都OK，我们互相照顾。然后我妈说等你回来的时候带一些特产，再带一个台湾的媳妇儿回来。我就流冷汗，我就说内地那么多，不一定要到台湾去找。

李　艾：你们没去吃台湾小吃吗？

广　博：他是台湾的卤肉饭王子。

赵守镇：你的皮肤好是跟卤肉饭有关系吗？

杨　澜：我听说人家做卤肉饭的，就是摆摊子的那个阿姨很喜欢你，每次都给你多加一块卤肉，是吗？他们三个人都没有多加的那一份卤肉？

广 博：对，我们三个每次去吃饭，胡夏不去就没有加青菜。然后胡夏一去，这么一大盆青菜就上来了。

杨 澜：真的，所以你们要跟他一块去。

一 帆：每次给他多加一个卤蛋，我说我怎么就没有呢。然后有一次我就拍桌子，我说，卤蛋！

杨 澜：说说这七个月让你们最刻骨铭心的一件事情是什么？

一 帆：我最难忘的就是那天决赛结束之后他们给我过生日。

广 博：因为台湾的歌迷把整个的计划都发给我了，我知道整个流程，我没有告诉他们，然后到那天生日的时候，比赛完我就跟所有的选手说，等一下我们去给一帆过生日，不要让他知道。

一 帆：一开始我还跟他们说，我晚上过生日，大家一起吃个饭。然后还没等我跟他们说，他们就先走了，说有朋友找他们唱歌。

杨 澜：那么不给面子？

一 帆：就是被遗忘了，我之前还说我今天过生日，到晚上的时候都要走，我觉得我特别失败，真的太失败了。然后就都走了，我走出去的时候，胡夏、广博、少帅还有台湾那些朋友，他们出门的时候就把我眼睛蒙住了，说我们给你看一样东西，我说看什么？把我眼睛蒙住就带着我，走出去之后，然后数三、二、一，把手打开的时候，我就发现我站在人群中间，还有人放那个炮，生日蛋糕点着蜡烛，然后唱生日歌，我就默默地流下了一滴眼泪。

杨 澜：才流下了一滴眼泪？

一 帆：一滴。

李 艾：你的粉丝年龄最大的是多大岁数？

胡 夏：不知道，见过最大应该是四十多岁。

杨 澜：三帅这边呢？是不是也有姐姐级妈妈级的？

少 帅：对，妈妈级的。

杨　澜：她们怎么跟你们相处呢，就是把你们当自己家孩子？

三　帅：对。

杨　澜：那她们给你们煲汤吗？

广　博：煲汤，送吃的。

一　帆：送很多吃的，然后还带着她女儿一起来看我们。

赵守镇：老公呢？

少　帅：老公没有来，老公上班。

杨　澜：然后你们打电话给自己妈妈说，妈妈你就不用管我了，这已经有人给我煲汤了。

用实力去尊重对手

杨　澜：由于情势的需要让你们三个一定要唱组合，有没有抗拒摩擦不开心过？

少　帅：说实话有过。

杨　澜：出了一些什么事让你不爽？

少　帅：就是有一次，一帆在那躺着，我就觉得可能这个不太好。

杨　澜：你们就为这事？你们能跟我们学学吗？来，模拟一下当时的情景，少帅。

少　帅：走走走，回去回去。出去说，在外边说。你刚才躺着别人看见不好。

一　帆：谁看见了？

少　帅：就工作人员看见不好啊。

一　帆：哪个工作人员，我躺着跟他有什么关系。

少　帅：然后就走了。

李　艾：那你们现在三个有没有谁是队长呢，因为有些时候还是需要有人说了算？

一　帆：少帅是队长。

杨　澜：那后来是怎么和解的呢？

广　博：其实他们就是争执，回家之后，可能因为比赛压力还要练歌，当时就是因为这个小误会，没有心情练歌。因为这段时间比赛压力太大了，所以各人情绪不是很好。经过这件事情之后，我们的团队意识就更好更强了。

李　艾：所以现在少帅是比较有话事权的对不对，你说不要躺着，他就会听你的？

少　帅：不是，我不会那么说。我会提一些我觉得好的建议，我不是强迫那种。

赵守镇：现在小孩不容易管是不是？

少　帅：我也是小孩，姐姐。

杨　澜：在家你们基本上都是独生子女对不对？

三　帅：是。

杨　澜：在家里肯定是什么事都听你们的，大人也都让着你们，出来觉得还要相互照应，还要迁就别人，这个是不是也是需要学习的人生经验？

一　帆：是，我们几个人互相学习到很多东西。我们都是独生子女，也没有兄弟姐妹，以后父母年纪大了或者怎么样，其实就只剩下朋友了，然后我觉得我们几个就是互相支撑的一个作用。

李　艾：但是比赛当中碰到一个特别残酷的事情，就是三帅跟胡夏 PK，你们最不希望发生的事。

少　帅：对，特别戏剧性。

杨　澜：偏偏要发生，对不对？

少　帅：真的没想到，就是随机地晃晃，然后叫你去抽的。

李　艾：节目组肯定高兴死了，就要看这样刺激的场面。

少　帅：是，它特别戏剧性，特别巧合。

胡　夏：我觉得那一次我们就不是很像在 PK。

李　艾：那结果如何？

广　博：上台之前他跟一帆说，好好唱，好好发挥，不要出现失误，不然你就对不起我。

一　帆：我一定会好好发挥。

广　博：好，咱们一起加油。

一　帆：还有拥抱。而且在唱这个歌之前，我们有练习，我们练习的时候在一起，他唱给我听，我会唱给他听，我们都互相知道唱什么歌。有的歌有高音，我说你听我这高音，是不是挺好，他说这就行了，我说非得一鸣惊人。然后结果，那一天破音了。

杨　澜：后来你故意没唱上去？

一　帆：没有，就是不知道嗓子怎么不争气，然后就大破音，有史以来应该是没有人比我破得再差了。

杨　澜：你不是胡夏的托吧？

胡　夏：然后下来我就说，你怎么唱成这样呢？

一　帆：他说你怎么，我还没有拔剑你就先把自己杀死了呢？

杨　澜：我觉得其实越是兄弟越是好朋友，越要用自己的实力去比才是对对手的尊重对不对？

一　帆：对。

“相煎何太急”

李　艾：但是我们就喜欢看兄弟之间PK。所以接下来我们要玩一个游戏，叫做“相煎何太急”。从现在开始我们以很快的速度问一个问题，然后你们举个牌就行了。

赵守镇：谁最抠门儿？

一　帆：抠门？

赵守镇：快点，一、二、三。

李　艾：还没反应过来。一帆说胡夏最抠门，你们两个都说少帅，少帅你说广博，你们真的很内讧。我们先说说怎么个抠门法。

胡　夏：你先说，我怎么抠了？

一　帆：我说他抠门的意思不是说他对我抠门，我是说他对自己抠门。

杨　澜：听出来你想表扬他。

李　艾：少帅你为什么那么快，第一时间就举广博的牌？

少　帅：因为广博其实平时也是自己用得比较少，花得比较少，他一般是存起来，然后有什么重要的事情他才会用。

赵守镇：谁最八卦？

少　帅：八卦？

杨　澜：人家不懂什么意思。

李　艾：八卦应该懂吧。

赵守镇：你们是外国人？听不懂？

广　博：听得懂。

杨　澜：谁最八卦？

赵守镇：一、二、三。

杨　澜：说广博八卦的是两个。来，胡夏说一下为什么广博比较八卦？

胡　夏：我也不知道。

广　博：那你举我干吗？

胡　夏：我不知道举谁了。

广　博：我好说话。

李　艾：那一帆为什么说是广博？

一　帆：闲的。他可能自己有的时候别人说什么，他就会马上过来跟我说一下，很喜欢分享。

杨　澜：我觉得你有做主持人的希望。把八卦说成分享，的确好听多了。

赵守镇：谁的身材最棒？

李　艾：我第一次看见胡夏指自己。是吗？

杨　澜：你认为自己身材哪个部位最棒？

广　博：我解释一下，他原来身材是挺棒的，但是自从去了台湾之后，慢慢这六块腹肌变成一块了，浓缩了。

李　艾：但是据说他觉得自己身材很好，是从小就有的这个感觉，好像初中的时候上课老师问你说，胡夏你觉得你最满意自己哪里？胡夏指着自己扁平的胸说，身材最好。

胡　夏：因为我小时候游泳。所以我蛮瘦，肩膀也不宽。

广　博：他自称是完美的倒三角。

李　艾：你先把这外套脱一下看看怎么倒三角。

广　博：他虽然很瘦，但是都是肌肉。

赵守镇：这是肌肉吗？

杨　澜：好了，守镇，你快引起公愤了，你快坐下。

李　艾：但是另外两个人选的不是胡夏，胡夏自己选了自己也就只有两票。还有另外一个人选的是一帆。

胡　夏：一帆他很壮，但是他没有型。

李　艾：一帆，你演一个，炫一个。

杨　澜：我觉得你那也有肌肉，也挺三角的呀。

一　帆：对呀，我可能是小时候练功练的。

胡　夏：他不是三角的。

杨　澜：练什么功啊，小时候？

一　帆：我是学戏曲专业的。

杨　澜：你当时学什么，武生啊？

一　帆：对啊，武生。

李　艾：来来，胡夏你解释一下。

胡　夏：他有这个溜肩，然后他的这儿比较宽，所以他不三角。

杨　澜：露一手看看，你不学武生吗？

一　帆：我觉得这裤子不配合我。

广　博：摆一个武生的架势。

赵守镇：下一个问题，谁最受女生的欢迎？

李　艾：蒋一帆快点。

一　帆：我可以都举吗？

杨　澜：但是他们三个都说你，你最受女生欢迎。

李　艾：没有，胡夏说是他自己。

杨　澜：没有，他说是一帆。为什么？

广　博：在比赛的时候，彩排我们选手都会在一起，基本上蒋一帆周围围的都是女生，我们都被挤到外面去了。

杨　澜：那个时候你们是不是有一点点羡慕嫉妒恨。

李　艾：我来问一个问题好了，受欺负的总是谁？

杨　澜：他觉得自己受欺负。

李　艾：说说你为什么觉得自己受欺负？

少　帅：因为我老让着他们。

李　艾：那你是让他们，不叫受欺负。

杨　澜：那胡夏受什么欺负了？说说。姐姐们帮你伸张正义。

胡　夏：我可以说吗？

广　博：可以说，说吧，没事，别害怕。

杨　澜：最多说完了他们揍你一顿。

广　博：不会，我们很友爱。

一　帆：我一般都在心理上摧残他，不打他。

赵守镇：你们三个别看他，看那边，你什么时候受欺负？

胡　夏：比如说我经常去买便当，我们住在饭店里，但是我的房间是最小的。

李　艾：据说有人送给你的水果都被他们吃了？

胡　夏：就是我还没有回去，然后我回去的时候已经只剩下袋子了。

广　博：留了，留了。

胡　夏：我跟蒋一帆睡在一张床上，他老是挤我。

杨　澜：好，最后一个问题了。

赵守镇：谁的脾气最不好。一、二、三。快点快点。

李　艾：大家公认都是蒋一帆，脾气最不好。

杨　澜：他比较直嘛，东北人比较直是不是？

一　帆：我不是脾气不好，我是说话比较大声。

杨　澜：比较热烈。

少　帅：他就是性格比较激昂那种，比较热情。

一　帆：激昂，我喜欢这个词。

少　帅：特别热情，比如说我们吃卤肉饭，胡夏的菜上了之后，他就会说，"我们的蛋呢，我们的蛋哪儿去了"。

杨　澜：等到比赛结束了回到北京的时候，有很多的粉丝在机场迎接，那时候有梦想成真、荣归故里的感觉吗？

胡　夏：那次我们回来真的没想到，机场会出现那么多人。

李　艾：当时有多少人？

胡　夏：应该有上百吧。保安都出动了，好多保安在我的前面。

李　艾：他们会扯你衣服，揪你的围巾吗？

胡　夏：那没有。

李　艾：你见到那么多粉丝涌过来，受宠若惊的同时，会不会也有一点害怕？

胡　夏：不害怕。

杨　澜：那你们有没有过崇拜的偶像？

胡　夏：我的偶像是张学友。

杨　澜：你们呢，你们曾经有没有自己心目中的偶像？

广　博：我的偶像是小燕子。

杨　澜：赵薇啊？

一　帆：我知道，我说一件事情，广博曾经一度地把赵薇的明星照贴在自己的房间里。

杨　澜：珍藏啊？

广　博：对。

李　艾：那你贴的谁的照片呢？

广　博：贴的胡夏的。

李　艾：少帅呢？

少　帅：我一直都是迈克尔·杰克逊。

杨　澜：我觉得音乐的事业刚刚起步，其实人生也展现出一个美好的将来，在此时此刻我觉得既可以说一下对自我的一种期许，也可以送一句话给自己的粉丝，好不好？来，胡夏，你开始吧。

胡　夏：就是想说，谢谢大家！

广　博：我就希望我们四个永远是兄弟，希望大家永远是一家人。

一　帆：我想说这一路上，我需要感谢很多人，我非常感谢他们三个人然后还有大家，是你们让我更加坚信我走的这条路是对的。

少　帅：胡夏、广博、一帆、少帅的所有粉丝们，我们真的很爱你们，谢谢你们支持我们！

大观园里的爱恨悲喜——新《红楼梦》剧组

不知《红楼梦》的热度可以持续多久，也不知这一场在大观园中的女人梦到底隐藏了多少真相，但在梦醒时分，也许对于过往的一切，只有一笑而过罢了。

编导手记

配合着电视连续剧新版《红楼梦》的热播，本期《天下女人》剧组请来了新版《红楼梦》的几位主创："小宝玉"于小彤、"大宝玉"杨洋、"小宝钗"李沁和"林妹妹"蒋梦婕，当然还有他们最坚强的后盾——导演李少红。看着他们的举手投足一举一动，仿佛都带着一股子穿越时空的气息。后来才知道，他们在不同的艺术领域均有着属于自己的卓越成绩。

都说李少红导演对电视剧的制作过程要求甚高，但是守着这几位不能再新的演员，也没办法和他们做太多的计较，"只能先找几个轻一些的镜头试试啦。其实那时候在镜头前，他们自己都不知道自己在做什么"。在本期的访谈中，"小宝玉"于小彤还揭发出自己第一次演哭戏的时候，李少红导演是如何欺负他的，让在场的粉丝们无不心疼死了！

为了培养演员们的古典气质，李少红导演还安排大家一起学习古琴的技巧和练习毛笔字。在经过一段时间的练习之后，现在的演员们都能弹奏一首完整的古琴曲。在《天下女人》的录制现场，四位演员还为节目组共同创作了一副毛笔字。

李少红导演说，其实古时候的人们玩儿的形式更多。确实，细读红楼后你会发现，古代人玩儿的东西要比现代人丰富得多，他们更不需要借助什么机器、仪器类的辅助东西，只需要靠自己的能力就能玩儿了。在新版《红楼梦》的拍摄间隙，十几位年轻人就一起玩儿大型的"杀人游戏"，小宝玉抱怨说自己总是第一个被杀和被验证的。李少红认为，大观园是元春赐予他们的伊甸园：他们在里面应该是放松、快乐的，笑声应该是非常重要的，因为那是属于他们的青春岁月。

邓鹏

古韵古情

杨　澜：新版电视剧《红楼梦》在全国引发了收视的高潮也引起了社会广泛的热议，可以说盛况空前。我们也很想知道，在上世纪 90 年代出生的男孩和女孩，他们怎么体会二百多年前那些和他们年龄相仿的年轻人，如何去恋爱，如何行为做事等等。所以今天我们也非常荣幸地请到了李少红导演和他们一起登场，我们掌声有请。

于小彤：大家好！我是于小彤，在新版《红楼梦》中饰演小宝玉，谢谢。

杨　澜：小彤刚刚进入这个剧组的时候，当时好像是 1.70 米，现在人家 1.90 米了。

于小彤：1.88 米。

杨　澜：我估计后半段要演戏的时候都得蹲着演了。

蒋梦婕：大家好我是蒋梦婕，在新版《红楼梦》中饰演林黛玉。

李　沁：大家好我是李沁，在新版《红楼梦》中饰演少年薛宝钗，很高兴见到大家。

杨　洋：大家好！我是杨洋，在新版《红楼梦》中饰演成年宝玉。

杨　澜：真的让人有眼前一亮的感觉，这是他们的妈妈李少红，我们把掌声也送给李少红导演。这都是 90 后的少男少女们，让他们体会二百多年前那些富二代，他们怎么起居、怎么行为、怎么谈恋爱，其实真的是有很大的障碍。咱们先从礼仪和形体上来说，你们几位一上来进行培训的时候，觉得什么比较难学？

于小彤：形体。

李少红：他跟蒋梦婕有点难，是因为他们原来是学芭蕾的，学芭蕾的肌肉和身体都是歪着的。

杨　澜：能跟我学学你开始怎么走路吗？要不你们俩一块学学，

芭蕾范儿的宝黛相遇。

于小彤：刚开始试装的时候，我们俩走路是外八字的。

杨　澜：这是洋范儿。

蒋梦婕：对，但是中国古典那些东西是比较内敛的，女孩子有这样小小的走路的感觉。

于小彤：男孩子比较随意一点，斯文一点。

杨　澜：蒋梦婕你是不是得学习哭？林妹妹有各种各样的哭。

蒋梦婕：对。就是一定要拿袖子遮着，擦眼泪要拿手绢儿轻轻地擦一下，但是不能大大地擦，那样太现代了。

杨　澜：那笑的时候呢？

蒋梦婕：也是，笑不露齿。

赵守镇：那五个月以后觉得自己变了吗？

蒋梦婕：会有一些变化，比如说我们有时候说话，都会说方才你吃饭了没。

杨　澜：其实有相当长一段时间，我们把过去的传统礼仪都丢弃了，现在你看这些礼仪，还是挺有美感的。你们韩国青少年会专门学习古代的这些礼仪吗？

赵守镇：我们专门有一门课，女孩子就是春节要穿韩服，所以会教一些相应的礼仪。

杨　澜：走路也是这样吗？

赵守镇：不像刚才《红楼梦》里面他们笑的时候要笑不露齿，我们不会。但是像磕头那种礼仪还得做，我们平时见到老师什么的，都要行礼，得很慢，很痛苦，我觉得他们肯定很不容易。

杨　澜：那个时候琴棋书画不说精通，但是每个人都要去学的吧？

李少红：主要是拿笔和坐姿这些东西都要像，比方弹琴，最起码不要露怯。

赵守镇：会不会他们意思一下，其实真正写出来的字是别人写的。

李少红：有别人写的，但是最起码它能经得起拍特写，不要让人感觉到像拿筷子似的。

杨 澜：一开始真觉得像拿筷子的吗？

李少红：基本上得从头学，他们都是从头学的，包括弹琴都是从头学的，到最后毕业的时候，他们都可以弹出一首完整的曲子。

杨 澜：真的，早知道我们准备一个古琴。

李少红：对，你们准备一个古琴他们可以弹。

杨 澜：我们还被告知，说是大概弹不成曲子，只能做几个动作，照你们这么一说，其实他们是行的。学古琴的时候感觉怎么样？

李少红：因为那个老师特别好，他拿了12把琴来，琴全是他自己出的，全班女孩子分批，一堂课一堂课地上，所以每个人都能操到琴。

杨 澜：弹琴弹起来的时候，会有回到过去的感觉吗？

李 沁：有自我陶醉。

赵守镇：因为小提琴现在流行就是按照自己的个性做。

蒋梦婕：我会比较陶醉，我们一起来一下。然后手指都会有弹拨，点拨这样的。

赵守镇：毛笔字谁学得最好？

李少红：你们会很意外，实际学得最好的是你们觉得最不像的那个人。

杨 澜：这个也一定是拿着衣服架子逼出来的。

李少红：他有一段时间在现场特别乖，每天坐在那儿写毛笔字，我当时觉得他在那儿涂鸦，后来我过去一看，我说你还真有天分，写得真不错，后来每天要求他到现场必须给我交一篇大字，他就耐心下来每天写一篇，那段时间写得确实

是不错。

杨　澜：写字的时候是不是真觉得对自己的心气也是一种修炼。

于小彤：对，因为当时在闹学堂，很多个男生，一个女生都没有，全都是男孩子，演一个打翻天的戏。然后打累了，他们吃中午饭的时候我就不想吃了。在现场，拿一个宣纸，拿毛笔，因为都是实的东西，真的宣纸，真的是墨磨的，我倒点水就可以磨墨，磨完之后就写，刚开始是对着书写，写不了那么好看的楷书。我就写当时古代那种刻的篆字，特别奇形怪状的字，导演说你不能写这个，你写这个一点儿水平都没有。你写点中国字，我就一笔一画地照着他那个写，然后写着写着就上瘾了，每天每个景里面都有桌子和墨台，有毛笔，各种大小的毛笔，我每天都写，而且宝玉经常会在扇子上写字。

杨　澜：题个扇面。

于小彤：打光的时候就写，写得也不好。

杨　澜：你别谦虚了，你有没有发现在我们《天下女人》的演播室里也已经笔墨伺候了，你们想不想看于小彤露一手，其实现在90后的孩子们，不一定再有过去的那种在学校里要学书法的很严格的训练。

李少红：因为现在大家都用电脑了，大家都对着键盘，就不太会写字了，但是我觉得每天在现场你一听他没声了你就知道他在练字了，所以那段时候他是最老实的。

于小彤：等一下，其实我们都是从大观园走出来，正好《天下女人》就是四个字，我们一个人写一个，四个拼起来，可能意义更重要一些好吗？

杨　澜：他把任务分担给别人，还说意义很重要。

赵守镇：《天下女人》。

杨　澜：其实这四个字，都是最难写的。

赵守镇：是吗？

杨　澜：这四个字在书法里面笔画越少的越难写，因为它的布局很难。

赵守镇：我一直羡慕特别简单的，就像赵守镇的镇，我觉得特别不好写，杨澜的杨好写，澜不好写。

杨　澜：没有，其实恰恰笔画多的，特别容易布局，弄满很容易，笔画少的不容易布局。少红导演见证一下，看看有没有退步。

于小彤：你写天，天不配我，天配林妹妹。

杨　澜：你是天上掉下来的。

蒋梦婕：因为我一般都写小字，从来没有写过大字。

于小彤：我就是大字。

杨　澜：你别说这个架子挺好的，不错。

蒋梦婕：这笔有点小。

于小彤：待我酝酿一下。

杨　澜：行云流水很爽快，女字可不容易写。

杨　洋：我是最紧张的。

杨　澜：你是笔画最少的，杨洋。

于小彤：你就两撇。

杨　洋：我写字大小很难分清楚，你看我手都在抖。

杨　澜：真不错，我们给大家展示一下，《天下女人》你们把它拿到中间。拿到中间给我们展示一下，还真不错，我跟你说。你看这四个字，而且他们还挺有团队精神，写得基本上不像一个人写的，谢谢。

挑战的动力

杨　澜：你们在拍戏的过程当中，对你们挑战最大的分别是哪场戏？

于小彤：我其实印象最深的就是第一次哭戏。

杨　澜：我看你好像是笑起来都带着哭腔，古代男孩怎么哭。

于小彤：开始是爆着筋的，眼泪喷出来那种哭。导演说不行，说情绪没有达到，这是小哭，大哭才行。第二次还是不行，第三次眼泪就哭干了，因为当时才十三四岁，找不着那种使着劲哭的感觉。

杨　澜：我告诉你有一个办法，说不许玩 PSP 了，马上就哭。

于小彤：那也哭不了，最后用一个很特殊的办法。

杨　澜：什么呢?

于小彤：这个叫导演说。

杨　澜：导演你怎么欺负人家童工的。

李少红：没有了，每个演员你平时都会观察他，然后你就知道每个人都有他的软肋，你能找到他的这个点，就很容易让他哭出来。

杨　澜：我觉得导演真阴险，这个职业特别阴险。你老得看人家软肋，守镇你得注意点咱们俩的软肋。他的软肋是什么?

李少红：他比较简单，因为他年龄比较小，所以你就让他想到他最怕的事情。我想他很皮，我说你小时候肯定没少挨打，谁打你让你最记忆犹新，他就说我爸，我说你觉得记忆犹新的拿什么打你的，他说拿一个衣架子。

杨　澜：家庭暴力。

李少红：他肯定很淘，后来我就讲有衣架吗？没想到服装那个老师特别配合我，找了一个衣架来。当时我一看都傻了，因为古装戏的衣架特别大。我当时心真的愣了一下，我说太配合了，拿这么大的一个来，但是这个时候你已经下不了台了，他看到这个大衣架，眼睛一下子红了。

赵守镇：真的好简单。

李少红：对，有时候你找到窍门了，就很容易，找不到窍门，可能说一天他也哭不了。

杨　澜：所以那场戏就是拿那个大衣架子给你吓唬成那样子了?

于小彤：对，那场戏哭完之后，可能就找到一点小窍门了，然后就是知道自己的软肋在哪了。

杨　澜：其实大宝玉后面也有很多的哭戏，你的软肋是什么?

李少红：他每个都得过一关。

杨　澜：他基本上对每个姐姐妹妹都得哭一次。

李少红：他基本上是还情债的，小宝玉是属于发誓的，他是属于还债的。所以再加上后来大观园姐姐妹妹都散了，走一个哭一个，走一个哭一个。

杨　澜：真不容易。

李少红：挺不容易，他是一个挺重感情的男孩，也非常有爆发力。

杨　澜：杨洋真可以，让你想起什么了。

杨　洋：身边最爱的任何一个人，我就想到这一点。

杨　澜：杨洋想的是谁？总有一个特定的形象。

李少红：我估计他当时想到的是他妈妈。

杨　洋：对，想到的是我家里人，我妈妈。

杨　澜：这时候就得哭了，你是不是很小就离开妈妈了，到北京来读书。

杨　洋：我不想哭。

杨　澜：对不起，我说了什么不对的话了。

李少红：是我说了，对每个人都会有不同的方法。但是有时候会一针见血，马上就能调动他的感情。

杨　澜：为什么说起妈妈就成这样了？

李少红：他妈妈一直陪伴着他，他妈妈跟他感情最深。

杨　澜：所以那时候演戏的时候妈妈会在现场吗？

李少红：不会的。

杨　澜：杨洋是在军艺学舞蹈，你自己家里是上海的？

杨　洋：其实老家是安徽的。

杨　澜：你多大就离开家到北京来？

杨　洋：10 岁。

杨　澜：10 岁离开家一个人来北京住在宿舍里？我觉得你妈妈也挺不容易的。因为我女儿 10 岁，我很难想象她独自一个人到陌生的城市里去。

李少红：不一样。他妈妈是因为放弃了自己所有生活中的内容，就是一直抚养他，所以他们的感情比较深。所以我觉得选他有一个很重要的原因——因为大宝玉要非常地深情，而且他所流露的任何感情，都是能够感动每一个观众的。要让大家相信宝玉的感情是真实的，非常真实的情感，不是像小宝玉这种玩玩就行了。

于小彤：为什么受伤的总是我。

欲说还羞的感情

杨　澜：真的回头再看中国古代的这些礼仪，90后、80后都觉得跟那个时代已经隔了很远了，现在都是张扬个性很开放的，那个时候每个人都那么含蓄那么收敛，特别是林妹妹，觉得别扭不别扭？

蒋梦婕：刚开始会有一点。

杨　澜：你平时是一个很开朗的人吧，我看你笑得挺开朗的。

蒋梦婕:对，就是不太会掩饰，现在我就会特别开心，我不开心了，我也不会说装作很开心的样子，还是比较真实的。

杨　澜：所以你怎样诠释林妹妹的很微妙的那种变化？

蒋梦婕：其实还是靠导演给我讲戏，因为刚开始年纪小，也不了解林黛玉这个女孩什么性格，刚开始觉得她是一小性儿。

杨　澜：小心眼儿？

蒋梦婕：小心眼儿的女孩，但是导演跟我讲了很多黛玉的出身，因为她小时候在家里面是被当男孩儿养的，四书五经都读，但是在那个社会女孩子是不能读的，只能读女儿经之类的。她又是独生女，她的个性就会比较独特，然后离开老家，到大观园她失去了父母，她只有一个外祖母可以当最亲的亲人。

于小彤：还有宝玉。

杨　澜：不能忘了他。

蒋梦婕：所以她需要人的怜惜，比如一些小酸话都是说给宝玉听的，小酸话其实是她特别可爱的一点，因为她想得到爱情，她特别崇尚特别追求爱情。

杨　澜：琴棋书画，我们说到了琴说到了书，其实古代人还有这种生活的方式，包括吟诗，作画，包括他们对酒令也都是《红楼梦》中非常有情趣的一些戏，开始有没有老师专门教你们怎么样来吟诗的。

赵守镇：变化会不同吗?

杨　澜：有，我不知道《红楼梦》剧里是不是要他们真正按照那种方法去吟诗，我听到像过去老夫子真是吟唱的那种。

李少红：对，他是有吟唱，但是我们没有完全按照吟唱进行。因为吟唱是比较即兴的，可以咏也可以吟，所以大部分我们是咏的，有一句两句让他们学老翁的样子去吟一句两句，这个有的。

李　沁：跟史湘云吟诗时有一句是大家一起唱的。

杨　澜：这要所有人都按这一个调来。

李　沁：对，在剧情里面我们大家是一起吟唱的，而且特别开心。

杨　澜：经历古人这种生活方式的时候，你觉得当代人的生活有

没有意思？她们没有今天的电脑，没有这么多的视觉艺术等等，你觉得他们是不是有他们的情趣？

蒋梦婕：对，挺有意思。她们有做胭脂膏子，有行酒令，还有抽签，击鼓传花特别多的方式。

李少红：我觉得那时候人的玩的方式比现在多，现在可能一个电脑里面有各种各样的。但是，那个时候的形式比较多，而且她们经常聚在一块儿。光是行酒令就各种各样的，那种都不是借助工具的，完全是靠自己发挥的。

杨　澜：具有原创性的。

李少红：对，原创性的，我觉得那个时候人的乐趣跟现在人的乐趣不太一样。

杨　澜：我们今天看到这些小演员，其实在这部戏里面看到他们一点一点地成长，而且对于我们的这种传统，对于古代的经典，也有一个非常好的学习的过程。其实你们今天再回去看，黛玉、宝钗跟宝玉之间的感情故事，今天的年轻人会怎么看，比如说很难理解，黛玉为什么不说？

蒋梦婕：其实有时候都挺替他们着急的。

于小彤：我也挺着急的，你为什么不说呢？

蒋梦婕：我也不是不想说，只是那个时代我说不了。

于小彤：我们演感情戏的时候，就是内心戏，嘴上一句话都不说。

蒋梦婕：内心感觉都快爆出来了，但是你又不能说出来。

杨　澜：所以这点来说还是21世纪比较好，杨洋你觉得呢？

杨　洋：其实我说了，任凭弱水三千，我只取一瓢饮，就是当时的表达。

杨　澜：宝玉是这里边性情最开放、最真、最自我的一个人，这里面有诸多的台词，比如说在表达内心感想的时候，有哪些台词对你来说是比较有挑战性的？

杨　洋：就像《芙蓉女儿诔》因为很多字不认识。

杨　澜：这个“诔”字就很难认识的。

李少红：很多人都念成“芙蓉女儿来”。

杨　澜：你现在还记得当时的这些台词吗？给我们来一段台词的表演吧。

杨　洋：那我今天说个别的。迎春搬出大观园，宝玉想到他自己，不知道他以后是福是祸，想到这儿他有一些悲叹，说了一句诗，我就站着说。

杨　澜：要不要在中间比较有那个感觉。

杨　洋：其实就是“不闻永昼敲棋声，燕泥点点污棋枰”，而且这句诗和当今的戏剧音韵是一样的。我们在剧中说的话是前鼻音，当时宝玉说这个诗感叹的时候，就等于是当今社会发微博把自己的想法说出来。

杨　澜：宝玉发了一个微博。所以你这样就能够理解宝玉为什么会发这样的感慨。

赵守镇：如果你们可以选择，二百年以前的生活和现在的生活，你选哪个？

于小彤：可能会尝试一下二百多年前的生活吧。

杨　澜：你更觉得在那个时候生活幸福。

于小彤：我觉得当时没有高科技，大家就是笑点很低，王熙凤随便说一句话，大家都会哄堂大笑。

杨　澜：你们现在都不知道这有什么可笑的？

于小彤：然后我天天在女孩儿堆里特幸福。

蒋梦婕：大家都很淳朴，我觉得最简单的才是最幸福的。要是现在有了这么多好玩儿的东西，你就感觉不到你很幸福了。

杨　澜：从你们进入大观园，到今天走出大观园，你们自己自身发生的最大的变化是什么？于小彤，除了你身高迅速蹿高给大家造成了很大的拍摄困扰之外。

于小彤：导演把我整个人都变化了，从内到外。因为你知道十三四的小男孩儿是很容易走歪路的。

杨　澜：你说得挺可怕的。

赵守镇：他说得很认真。

杨　澜：你到我们《天下女人》剧组你也不会学坏。

于小彤：真的是这样，因为是叛逆期的男孩儿，都会有这个坏毛病，我在叛逆期的时候正好在剧组，导演把我这些刺都砍掉。吃饭的时候以前有一个坏毛病，我的左手一直耷拉下来，一个手在吃饭，导演说你把手放上去，现在吃饭都会这样，那个手不管吃不吃，都会放到桌上。还有拖凳子的时候会有响声，然后导演说要搬起来拖，这种小纪律的管教方法我觉得特别有用。

杨　澜：蒋梦婕呢？

蒋梦婕：我觉得生活态度或者是开辟了一个新的道路，让我看到这么一个大千世界，让我知道影视表演是怎么样制作出来的，看到这么多幕后的英雄，他们是怎么样把一个经典、一部著作拍成特别美的一个个画面。而且也因为我本来是学芭蕾的，所以对于中国古典文化没有特别深入的了解。演了《红楼梦》，有了导演还有那么多老师教我们，这对我们中国的古典文化的传承会有一个更好的延续，也更了解，更喜欢我们中国的古典文化。

杨　澜：李沁，你一直沉浸在古典文化里？

李　沁：对，这三年对我来说是成长，比原来要成熟很多，比原来也了解得更多，懂得了很多，也学习到了很多，不仅是文化方面对《红楼梦》的了解，对生活的态度，包括对影视表演这方面，也学到了很多。

杨　洋：我在这里感谢新版《红楼梦》剧组的所有工作人员，谢谢你们！